세계 금융 위기와
출구전략

세계 금융위기와
출구전략

| 손성원 지음 |

Global financial crisis and

EXIT STRATEGY

매일경제신문사

세계 경제의 운명은?

제2차 세계대전 이후 가장 심각했던 경기 침체가 끝났다.

세계 경제는 회복기에 들어섰으며 국제 금융 시장도 안정되고 있다. 그러나 경기 전망이 나아졌음에도 불구하고 경제 및 금융 부문에는 아직도 걱정스러운 부분들이 남아 있다.

재침체(더블딥, Double-dip Recession, 경기 침체 후 잠시 회복기를 보이다가 다시 침체에 빠지는 현상 – 역주)뿐만 아니라 인플레이션의 위험도 있다. 중앙은행은 지나친 유동성 자금을 줄이기 시작할 것이고 2010년 내에 금리를 인상할 것이다. 세계 무역은 예전처럼 활발하지 않을 것이다.

이러한 상황에서 세계, 미국, 그리고 한국 경제의 운명은 어떻게 될까? 주식과 채권 시장을 포함한 금융 시장은 어떻게 반응할까? 다행히도 한국은 위기를 잘 넘기고 세계 경제 회복을 주도하고 있다. 그렇다면 향후 몇 년간 한국이 직면하게 될 주요 경제 및 금융 이슈는 무엇일까? 과연 한국은 미국, 일본, 유럽과 같은 선진국의 대열에 들어설 수 있을까?

금융위기는 모두에게 크나큰 시련이었다. 그러나 위기에서 교훈을 얻음으로써 그 경험을 잘 활용할 수 있다. 역사를 잘 살펴보면 주식 시장과 금리를 포함한 많은 것에 대해 시사하고 있음을 알 수 있다. 역사에 비추어, 앞으로 경제 전망은 어떻게 될까? 과연 역사는 반복될 것인가? 또 현재의 상황에서 주식 및 채권 포트폴리오는 어떻게 관리해야 하는가?

이 책에 그 답을 담았다.

손성원

Part 01

역사는 미래에
어떤
교훈을 주는가

1750년까지의 경기 순환 이해하기

경제학자들이 미래를 예측하기 위해 처음 세운 가설은 경기 순환설이었다.

호경기와 불경기는 일정한 간격으로 찾아오는 경우가 많다. 경기 변화를 연구한 클리블랜드 트러스트 컴퍼니(Cleveland Trust Company)의 레오나드 에이어스(Leonard Ayers)는 1790년부터 지금까지 1930년의 대공황을 포함해 23번의 큰 불황이 있었다고 주장했다. 이 연구에 따르면 경기 호황과 경기 위축은 일정한 비율로 나타난다고 한다. 전쟁은 경기 호황의 촉매 역할을 했으며, 산업혁명, 철도, 금광 등과 같은 커다란 경제 및 사회적 변화 역시 인류를 번영으로 이끌었다. 그러나 이러한 경기 호황에서는 잉여 자원이 생기는 것을 피할 수 없으므로 심각한 경기 침체가 뒤를 이었다.

웨슬리 미첼(Wesley Mitchell) 교수는 경기 순환설의 선구자다. 미첼 교수는 경기변동 주기를 호황기, 위축기, 불황기, 부활기의 네 단계로 나누었다. 또 경기 호황과 위축의 정도를 나타내는 데 '위기, 공황, 붐'과 같은 단어들을 사용했다.

미첼 교수의 경기 순환 이론에 따르면 부활기와 호황기에는 생산과 소득이 올라가고 실업률이 낮아진다. 수익과 주가 또한 상승한다. 이렇게 되면 인플레이션 압력이 커지게 된다. 일정한 시점이 되면 수요는 평행 곡선을 그리고, 불필요한 재고가 쌓인다. 생산 비용이 늘어나면서 수익 마진이 줄어들게 되면 기업들은 지나친 재고 부담을 덜기 위해 가격을 내린다. 또한 수익률이 떨어지면서 주식 시장에는 매수자보다 매도자가 많아지게 된다. 은행은 대출을 회수하며 실업률이 상승한다. 이렇게 되면 기업의 도산이 줄을 잇고 경제가 어려워지는 것이다.

경제학자들은 수많은 순환 주기를 밝혀냈다. 시몬 쿠즈네츠(Simon Kuznets) 교수는 20년 주기의 경기 순환에 대한 책을 썼으며, 어느 러시아 경제학자는 50년 주기의 경기 순환을 주장하기도 했다.

기록에 남아 있는 최초의 경제 붕괴 중 하나는 1720년경 영국에서 일어났다. 영국 정부가 운하 건설, 군대 양성 등 여러 정책을 실행하는 과정에서 엄청난 규모의 부채가 쌓이고 말았다. 당시에는 소득세라는 것이 존재하지 않았기 때문에 정부의 주요 수입원은 수입 관세였다.

부채 상환이 어려워진 영국 왕은 부유한 시민들에게 도움을 요청했다. 그러자 몇몇 지도급 시민들이 남아메리카와의 무역 독점권을 얻는 조건으로 정부 부채를 떠맡는 데 동의했다.

그 결과 남아메리카와의 무역을 위해 '남해 회사(South Seas Company)'라는 기업이 설립되었다. 당시 스페인과 포르투갈은 이미 남아메리카 지역에 광대한 식민지를 건설한 상태였으며, 이에 발맞춰 영국도 남아메리카 대륙에서 나오는 수익 중 일부를 차지하고 싶어했던 것이다. 당시 남해 회사의 주식은 시장에서 최고의 인기를 누렸다. 너도나도 벼락부자가 되기 위해 남해 회사의 주식을 탐냈다.

1990년대 닷컴 붐의 경우와 마찬가지로 당시 사람들은 미래의 수익 전망을 신중하게 고려해보지도 않고 앞다투어 주식을 샀다. 가까운 시일 내에 남아메리카와의 무역이 시작되리라는 보장이 없는데도 불구하고 주가는 하늘 높은 줄 모르고 치솟았다. 이러한 투기 열풍은 한동안 계속되었다. 당시에는 체계적인 주식 시장이 형성되지 않은 상태였으며 몇몇 회사만이 비공식적으로 거래를 할 뿐이었다.

그러나 올라가는 것은 내려오게 되어 있는 법이다. 회사의 전망에 의구심을 품은 투자자들이 차츰 주식을 매각하기 시작했다. 남해 회사의 주식 가격은 세 달 만에 85%나 폭락했다. 실제로 이 회사가 남아메리카와 무역을 시작하게 되기까지는 90년이라는 세월이 필요했다.

이 남해 회사 투기사태와 같은 일은 그 후로도 역사 속에서 계속 반복되었다.

1847년 경제 위기에서도 오늘날 고공 행진하는 경제에 경종을 울릴 수 있는 또 하나의 역사적 교훈을 발견할 수 있다. 운하로 새로운 교통 네트워크가 형성된 후, 최첨단 기술이 활용된 차세대 분야는 유럽과 미국의 철도 건설이었다. 철도는 변방의 새로운 땅을 개척하는 데 핵심적인 역할을 했다. 대서양을 사이에 둔 유럽과 미국의 경제는 철도 동력의 힘을 빌려 빠르게 성장했다. 인구가 밀집된 지역에서 생산한 물건을 먼 곳까지 운송할 수 있게 되면서 규모의 경제가 실현되어 비용 절감 효과를 가져왔다. 또한 이렇게 형성된 부의 일부를 새로운 땅에 투자하면서 경제는 더욱 성장하게 되었다.

그러나 철도 건설은 매우 비용이 많이 드는 사업이었다. 일반적으로 철도 회사는 새로운 노선을 건설하는 데 필요한 자금을 충당하기 위해 주식을 판매했다. 철도 회사들은 주식 판매를 촉진하기 위해 할부 판매라는 새로운 방식을 개발해냈다. 투자자들은 판매가의 일부를 매달 갚겠다는 약속을 하고 철도 주식을 살 수 있었다. 이렇게 하여 구매자들은 더욱 많은 주식을 소유할 수 있게 되었던 것이다. 이러한 할부 판매 방식은 철도 회사와 투자자에게 모두 이익이 되는 것처럼 보였다.

그러나 어쩌다 보니 1847년 1월에 철도 주식의 할부 대금 지급이 한꺼번에 많이 몰리게 되었다. 당시 할부로 주식을 산 대부분의 투자자들은 주식 가격이 오르리라 예상했기 때문에 주식을 팔아서 할부 대금을 갚으려고 했다. 그 결과 많은 투자자들이 할부 대금을 갚지 못하고 채무불이행 상태에 빠졌다.

일이 이렇게 되자 영국, 독일, 네덜란드, 미국 등에서 철도 주식 가격이 곤두박질치기 시작했다. 그리고 이는 사상 최초의 전 세계적인 경제 위기로 이어졌다.

1847년의 주식 시장 붕괴는 칼 마르크스가 《자본론(*Das Kapital*)》을 집필하게 된 계기 중 하나이기도 했다. 마르크스는 《자본론》에서 "자본주의에는 근본적인 결함이 내재되어 있다"고 주장했다.

"경기 호황은 기술적인 혁신에 힘입어 형성되는 경우가 많다. 기계가 많아지면 필요한 노동력은 줄어든다. 가치를 창조하는 것은 노동자이지만 이윤은 자본가들에게 집중되고 노동자들에게 돌아가지 않는다. 따라서 혁명이 일어나고 공산주의가 지배할 것이다"라는 논리를 편 것이다. 이후 마르크스의 주장은 옳지 않다는 것이 판명되었지만, 그의 책은 당시 베스트셀러가 되었다.

1874년에는 또 한 번의 철도 주식 폭락 사태가 발생했다. 1847년 주식 폭락 이후 오랫동안 번영의 시대가 이어지면서, 사람들은 이전 폭락 사태에서 겪은 뼈아픈 경험을 잊고 다시 무모하게 모든 종류의 철도 주식에 투자하기 시작했다. 유럽과 미국에서 가장 큰 규모의 철도 회사로 성장하기 위해 기업들은 채권을 발행하며 많은 빚을 졌다. 당시 채권을 발행하는 것은 하나의 금융 혁신으로 여겨졌다.

이렇게 엄청난 빚을 진 철도 회사들은 원금은커녕 이자조차도 갚지 못할 지경이 되었다. 채권을 판매하기는 점점 더 어려워졌다. 1872년 한 해에만 당시 운행하고 있던 철도 회사 중 대다수인 89개 사가 채무를 이행하지 못했다.

공황은 유럽에서 미국으로 퍼졌다. 당시 경제 성장의 가장 중요한 원동력이었던 철도 건설이 멈추고 운행마저 중단되자 그 경제적 여파는 거의 재앙과도 같은 것이었다. 일례로 뉴욕 시에서는 실업률이 50%로 치솟기도 했다.

19세기에는 수많은 금융 공황이 발생했다. 1814년과 1914년 사이에 13번의 금융위기가 있었다. 그 중에서도 1907년의 위기는 가장 심각했고 이를 계기로 정부는 연방 준비 제도(Federal Reserve System) 체제를 갖추게 되었다.

1907년 공황 이전 10년 간, 경기는 호황을 타고 있었다. 미국 서부는 급속하게 성장했으며 유럽과의 교역은 활발했고 국제 금융 체제도 빠른 속도로 발달하고 있었다. 이 기간 동안 미국 경제는 연평균 7.3%의 성장률을 기록했으며 경제 규모는 두 배 이상으로 성장했다.

경제가 발달하자 공장, 기계, 재고 등을 마련하는 데 필요한 자본의 수요가 커졌다. 그러나 가장 큰 자금 수요는 M&A에 필요한 자금이었다. 1,800개가 넘는 기업이 95개 기업으로 합병 · 통합되었다.

이러한 자금 수요의 대부분은 유럽에서 금을 수입하여 충당했다. 1906년에는 점점 커져가는 미국의 자금 수요를 충족시키기 위해 해외에서 약 1억 6,500만 달러 상당의 금을 수입했다. 이와 관련된 자금은 JP 모건(J.P. Morgan), 퍼스트 내셔날 은행(First National Bank), 내셔날 시티 은행(National City Bank) 등의 몇몇 금융 기관이 관리하였다. 당시에 누구나 인정하는 가장 영향력 있는 금융인은 JP 모건을 운영했던 J. 피어폰트 모건(J. Pierpont Morgan)이었다.

주요 금융 기관을 통해 유럽에서 흘러 들어온 자금은 미국 시장에서 자산 거품을 형성했다. 철도 주식, 부동산 등의 자산 가격 폭락을 두려워한 은행들은 대출을 회수하기 시작했다. 그러나 과다 차입을 한 채무자들은 빚을 갚을 능력이 없었다. 많은 채무자들이 채무를 이행하지 않았고 파산을 선포했다. 은행의 자산 건전성은 악화되었다.

근심에 찬 예금주들은 타격을 받은 은행에서 예금을 인출하기 시작했다. 흉흉한 루머가 퍼지면서 우량 자산을 보유한 건전한 은행에서도 자금 인출 사태가 일어났다. 곧 전체 미국 은행은 초대형 예금 인출 사태를 경험하게 되었다. 이 과정에서 여러 은행이 무너졌다.

공황은 외부적 충격으로 인해 더욱 악화되었다. 1906년에는 샌프란시스코 지진이 일어났다. 도시의 40%가 파괴되고 수백만 명의 사람들이 집을 잃는 참담한 재해였다. 안타깝게도 당시 대부분의 집이 나무로 지어졌기 때문에 화재에 더욱 취약했다.

도시를 재건하려면 막대한 자금이 필요했기 때문에 이자율은 치솟았다. 공황 상태에서의 높은 이자율은 경제에 큰 타격을 주었다. 자본을 확보하기가 매우 어려워졌고, 특정 금융 기관이 도산할 수 있다는 루머가 빈번하게 돌았다. 그리고 많은 금융 기관이 실제로 파산했다.

이런 상황에서 시어도어 루스벨트(Theodore Roosevelt) 대통령이 이끄는 미 정부는 반독점 법을 집행하는 데 보다 중점을 두었다.

경기 순환 주기와 지속 기간

경기 순환 기준 시기		지속 기간(개월)			
최고점	최저점	위축	팽창	주기	
괄호 안은 분기를 나타냄		최고점에서 최저점	이전의 최고점에서 이번 최고점	이전 최저점에서 이번 최저점	이전 최고점에서 이번 최고점
	1854년 12월(Ⅳ)	–	–	–	–
1857년 6월(Ⅱ)	1858년 12월(Ⅳ)	18	30	48	–
1860년 10월(Ⅲ)	1861년 6월(Ⅲ)	8	22	30	40
1865년 4월(Ⅰ)	1867년 12월(Ⅰ)	32	46	78	54
1869년 6월(Ⅱ)	1870년 12월(Ⅳ)	18	18	36	50
1873년 10월(Ⅲ)	1879년 3월(Ⅰ)	65	34	99	52
1882년 3월(Ⅰ)	1885년 5월(Ⅱ)	38	36	74	101
1887년 3월(Ⅱ)	1888년 4월(Ⅰ)	13	22	35	60
1890년 7월(Ⅲ)	1891년 5월(Ⅱ)	10	27	37	40
1893년 1월(Ⅰ)	1894년 6월(Ⅱ)	17	20	37	30
1895년 12월(Ⅳ)	1897년 6월(Ⅱ)	18	18	36	35
1899년 6월(Ⅲ)	1900년 12월(Ⅳ)	18	24	42	42
1902년 9월(Ⅳ)	1904년 8월(Ⅲ)	23	21	44	39
1907년 5월(Ⅱ)	1908년 6월(Ⅱ)	13	33	46	56
1910년 1월(Ⅰ)	1912년 1월(Ⅳ)	24	19	43	32
1913년 1월(Ⅰ)	1914년 12월(Ⅳ)	23	12	35	36
1918년 8월(Ⅲ)	1919년 3월(Ⅰ)	7	44	51	67
1920년 1월(Ⅰ)	1921년 7월(Ⅲ)	18	10	28	17
1923년 5월(Ⅱ)	1924년 7월(Ⅲ)	14	22	36	40
1926년 10월(Ⅲ)	1927년 11월(Ⅳ)	13	27	40	41
1929년 8월(Ⅲ)	1933년 3월(Ⅰ)	43	21	64	34
1937년 5월(Ⅱ)	1938년 6월(Ⅱ)	13	50	63	93
1945년 2월(Ⅰ)	1945년 10월(Ⅳ)	8	80	88	93

경기 순환 기준 시기		지속 기간(개월)			
최고점	최저점	위축	팽창	주기	
괄호 안은 분기를 나타냄		최고점에서 최저점	이전의 최저점에서 이번 최고점	이전 최저점에서 이번 최저점	이전 최고점에서 이번 최고점
1948년 11월(Ⅳ)	1949년 10월(Ⅳ)	11	37	48	45
1953년 7월(Ⅱ)	1954년 5월(Ⅱ)	10	45	55	56
1957년 8월(Ⅲ)	1958년 4월(Ⅱ)	8	39	47	49
1960년 4월(Ⅱ)	1961년 2월(Ⅰ)	10	24	34	32
1969년 12월(Ⅳ)	1970년 11월(Ⅳ)	11	106	117	116
1973년 11월(Ⅳ)	1975년 3월(Ⅰ)	16	36	52	47
1980년 1월(Ⅰ)	1980년 7월(Ⅲ)	6	58	64	74
1981년 7월(Ⅲ)	1982년 11월(Ⅳ)	16	12	28	18
1990년 7월(Ⅲ)	1991년 3월(Ⅰ)	8	92	100	108
2001년 3월(Ⅰ)	2001년 11월(Ⅳ)	8	120	128	128
2007년 12월(Ⅳ)			73		81
주요 주기별 평균					
1854~2001(32 주기)		17	38	55	*56
1854~1919(16 주기)		22	27	48	**49
1919~1945(6 주기)		18	35	53	53
1945~2001(10 주기)		10	57	67	67

출처: NBER

* 31 주기 ** 15 주기

루스벨트 대통령은 일부 기업들이 지나치게 커져버렸다고 생각했다. 셔먼법(Sherman Act, 셔먼 반독점 법이라고도 한다-역주)은 존 D. 록펠러(John D. Rockefeller)의 스탠더드 오일(Standard Oil)을 비롯한 대기업들을 보다 철저히 규제하는 데 사용되었다.

정부는 경제의 숨통을 틔워주기 위해 유동성 자금을 금융 시장에 투입할 매커니즘을 가지고 있지 않았다. 어려움을 겪고 있는 사람들은 달리 의지할 곳이 없었다. 이렇게 되자 정부 안팎의 사람들은 금융위기가 발생했을 때 국가가 시장에 유동성 자금을 공급할 수 있는 어떤 형태의 중앙 금융 관리 체제가 절실히 필요하다는 사실을 깨달았다. 결국 1914년에 연방 준비 위원회 제도가 설립되었다.

앞에서 언급한 경제 붕괴나 공황 사태에는 여러 가지 공통점이 있다.

첫 번째는 어떤 경우에나 투자자들, 심지어 은행 관계자들까지도 금융 시장이 어떻게 돌아가고 있는지 제대로 이해하지 못했다는 것이다. 새로운 금융 수단이나 시스템은 너무나 복잡했다. 대부분의 사람들이 당시 금융 제도의 복잡한 세부 사항을 이해할 여력이 없었다.

또한 매번 실수를 덮어두는 데 지나치게 많은 시간을 낭비했다. 처음에는 작은 실수라도 나중에 발견되면 이미 문제가 너무 커져서 조치를 취할 수 없는 상태가 된다. 또한 리스크가 커지면서 운신의 폭도 좁아지고 만다. 일단 공포 분위기가 확산되면 투자자들은 대부분 비관적으로 상황을 바라보게 되므로 가뜩이나 좋지 않았던 상황이 더욱 악화되기 마련이다.

정부조차도 복잡한 금융 체제를 완전히 이해하지 못했다. 금융 체제를 보호할 올바른 관련 법령이 정비되어 있지 않았고, 법이 있다고 하더라도 철저하게 집행할 의지가 부족했다.

일단 시장이 혼란에 빠지면 정부는 금융 시장을 혼란에서 구해낼 지도력을 발휘하지 못했다. 오히려 J. 피어폰트 모건(J. Pierpont Morgan)과 같은 개인이 지도력을 발휘하여 금융 공황에 종지부를 찍는 경우도 많았다.

앞부분에서 거론된 경제 붕괴와 공황을 연구하다 보면, 2008년 세계 금융위기 등 현재 벌어지고 있는 일과 역사적 사건들이 얼마나 비슷한지를 발견하고 놀라지 않을 수 없다. 물론 세부적인 상황은 다르지만 기본적인 골격은 같다. 우리 인간들은 얼마나 과거의 일을 잘 잊어 버리는가?

위에서 언급한 사건들은 '부자들의 경제 붕괴와 공황' 이라고 일컬어지기도 한다. 경제에 엄청난 타격을 입었음에도 불구하고 평범한 사람들은 월 가의 금융 관계자들만큼 큰 영향을 받지는 않았다. 그러나 1929년의 대공황은 그렇지 않았다. 대공황은 모든 사람들에게 깊은 상처를 남겼다.

경기 순환의 불가피성에 대해서는 경제학자들 사이에서도 논란이 분분하다. 앞에서 소개한 미첼 교수 같은 학자들은 순환이 내부적인 이유로 발생한다고 믿는다. 세금 인상, 높은 관세, 유동성 수축 등과 같은 수많은 정책 오류 때문에 대공황이 발생했다는 논리다. 그러므로 미리 막을 수 있다고 주장한다.

　반면 콘드라티예프(Kondratieff, 다음 장에서 자세히 설명)와 같은 일부 경제학자들은 전쟁, 유가 파동 등과 같은 외부적인 충격으로 인해 필연적으로 경기 순환이 일어난다고 주장한다. 외부 충격의 종류는 매번 다르지만 피할 수는 없으며 이로 인해 호경기와 불경기 같은 경기 순환이 생겨난다는 것이다.

　경기 순환의 불가피성에 대한 논쟁은 앞으로도 수십 년 간 계속될 것이다. 그리고 과거와 마찬가지로 그에 대한 확실한 결론이 나긴 힘들 것이다.

콘드라티예프 주기 예측

중앙 아메리카의 고대 마야인들은 약 반 세기를 주기로 재앙과 번영이 반복된다고 믿었다. 재앙을 피할 수 없다는 사실을 알고 있었기 때문에 어려운 시기를 대비해 만반의 준비를 할 수 있었고 그래서 힘든 시기를 더 잘 견뎌낼 수 있었다. 고대 유대인들도 비슷한 주기가 존재한다고 믿었으며 이러한 주기를 기준 삼아 자신들의 삶을 계획하려고 노력했다.

혹자는 인류 역사의 운명이 미리 정해져 있으므로 아무리 노력해도 운명을 바꿀 수는 없다고 주장했다. 미래를 내다보기 위해 사람들은 하늘의 별자리를 관찰했으며 중국인들은 탄생이 그 사람의 미래를 결정한다고 믿었다.

19세기에서 20세기로 넘어갈 무렵, 야콥 반 겔더른(Jacob van Gelderen)과 새뮤얼 데 볼프(Samuel de Wolff)라는 네덜란드 경제학자들이 50~60년 주기가 존재한다고 주장했다. 안타깝게도 이 두 사람의 연구는 최근에야 주목받기 시작했다.

비슷한 시기에 러시아의 니콜라이 콘드라티예프 교수는 《경제 주기의 긴 파도(Long Waves in Economic Life)》라는 책을 발표했다. 콘드라티예프는 1789년부터 1926년까지의 자본주의 경제를 연구한 결과 자본주의 경제는 약 50년의 긴 주기를 따른다는 사실을 발견했다고 주장했다. 이는 먼 옛날 마야인들이 믿었던 주기설의 현대판이다. 혹자는 이러한 주기가 심지어 오늘날에도 작용하고 있다고 생각한다.

콘드라티예프는 '경제 성장'이 아닌 '가격과 이자율'을 연구하여 경제 주기론을 이끌어냈다. 이 때 주기는 네 단계로 나뉜다.

첫째 단계는 불황이나 심각한 불경기와 같은 주요 경기 위축 후에 경제 기반이 매우 취약해진 상태에서 시작한다. 오랫동안 경기 침체를 겪은 후에는 생산과 고용이 서서히 늘어나 경제가 재건되기 시작한다. 잉여 생산 설비가 많아서 수요에 맞추어 공급을 늘릴 수 있기 때문에 상품 가격은 서서히 상승하게 된다. 생산성 향상에 따라 기술 혁신이 일어나고 이는 결국 경제 성장으로 이어진다. 이 시기 동안에는 커다란 사회 경제적 변화가 일어나고 심지어 매우 급격한 변동이 일어나기도 한다. 이 단계는 경제를 재건하는 시기이며 호황이 수십 년 간 계속되기도 한다.

둘째 단계에서는 경제 성장이 계속된다. 그러나 이 시기의 특징은 남북 전쟁, 제1차 세계대전, 베트남 전쟁과 같은 대규모 전쟁이 발생한다는 점이다. 한정된 자원에도 불구하고 총과 같은 군수물자와 생필품을 생산하려는 노력이 계속된다. 오늘날의 경제 전문용어로 말하자면, '경제가 잠재적인 성장률을 초과하여 아래쪽에서 인플레이션으로 압력을 가하는 상태'인 셈이다. 물자 부족과 경제의 불균형 때문에 상품 가격이 치솟고 경제는 불황으로 후퇴한다. 이 상태가 2~3년 지속된다.

셋째 단계는 전쟁이나 불황을 겪은 후 수요가 잔뜩 억제되어 있는 상태이다. 이때는 기술 혁신이 일어나서 새로운 일자리가 창출되고 수입이 늘어난다. 경제 전반에 걸쳐서 장밋빛 전망이 팽배하게 되며 누구나 신용 대출을 받을 수 있게 된다. 사람들은 능력 이상으로 소비를 늘리게 되어 많은 빚을 지게 된다. 지나친 신용 확장 때문에 자산 가치가 합리적인 수준 이상으로 올라간다. 결국 자산과 신용 거품이 꺼지게 되고 디플레이션이 그 뒤를 따른다. 상품 가격이 떨어지면서 사람들은 소비를 주저하게 되고 경제는 더욱 나락으로 떨어진다. 이 단계는 몇 년에서 수십 년까지 지속될 수 있다.

마지막 단계의 특징은 경제적 불균형이다. 대규모 전쟁이 발생하는 경우도 있다. 경제는 빠르게 수축되고 상품 가격도 급격히 하락한다. 이 시기는 과잉기 이후의 조절기라 할 수 있다. 경제는 안정화 시기로 들어간다. 이 시기에는 가격이 낮게 형성되며 기술혁신이 경제 성장을 도와 다음 주기를 위한 기반을 닦는다. 그러나 다음번 1단계가 돌아오기 전에 또 다른 일시적 경기 후퇴가 발생한다.

오늘날의 경기 순환에 대해 콘드라티예프는 무엇이라 말할 것인가? 콘드라티예프 주기론은 현대에도 적용되는가? 몇몇 사람들은 오늘날에는 경제를 더욱 잘 관리할 수 있는 통화 및 재정 정책이 갖추어져 있고 '불가피한 일'이란 없기 때문에 이 주기론은 더 이상 유효하지 않다고 주장한다.

그러나 아직도 이 주기 이론을 믿으면서 네 단계가 반복될 것이라고 기대하는 사람들도 있다. 물론 오늘날의 정책 도구로 타이밍을 다소 조절할 수는 있다. 그러나 네 단계를 포함한 기본 시나리오는 변하지 않는다. 네 단계는 약 50년 대신 최대 70년을 주기로 순환할 수도 있다.

주기설을 믿는 사람들은 이전 주기의 최저점(다른 말로 새로운 주기의 시작)이 제2차 세계대전 이후의 불황기 즈음에 시작되었다고 믿는다. 첫째 단계, 즉 팽창 단계는 거의 20년간 지속되었다. 전쟁이나 불황이 지나가고 나면 주택 및 소비재에 대해 그동안 억눌렸던 수요가 기지개를 펴게 된다. 전자제품을 중심으로 한 다양한 신제품이 출시되어 생활 수준이 향상되고 경제는 번영을 누린다.

이후 1960년대 중반 경에 둘째 단계가 찾아왔다. 수십 년 간의 빠른 경제 성장 후, 경제의 잉여 수용량이 한계에 다다른 것이다. 미국은 베트남 전쟁에 참전했기 때문에 엄청난 양의 자원이 필요했다. 전쟁은 국가의 경제 · 사회 · 정치적인 면에서 큰 부담이 되었다.

주기의 셋째 단계는 1980년대 중반 경에 시작되었다. 베트남전 종전으로 경제는 한숨을 돌리게 되었고, 그 후 수년 간 대체적으로 순조로운 경제 성장이 계속되었다. 기술은 빠르게 발달했으며 시장은 새로운 제품으로 넘쳐났다. 정보 기술(IT)은 경제 성장의 주요 원동력이 되었다. 앨런 그린스펀(Alan Greenspan)이 이끄는 연방 준비 위원회는 신용에 매우 관대한 태도를 견지했다. 이 시기에는 경제가 매우 좋은 실적을 기록하며 정부는 짧은 기간이나마 재정 흑자를 누렸다.

그러나 콘드라티예프 주기론 지지자들의 예상대로 20세기에서 21세기로 넘어갈 즈음에 네번째 단계가 도래했다. 그 시점에는 몇몇 주요 정치적, 경제적 사건이 있었다. 우선 닷컴 거품이 붕괴되면서 경제와 금융 시장이 큰 타격을 입었다. 뿐만 아니라 엔론(Enron), 월드콤(WorldCom) 및 수많은 다른 기업과 관련된 굵직한 금융 스캔들이 터졌다. 또한 9 · 11 테러 사건이 발생하여 미국은 테러와의 전쟁을 선포했다.

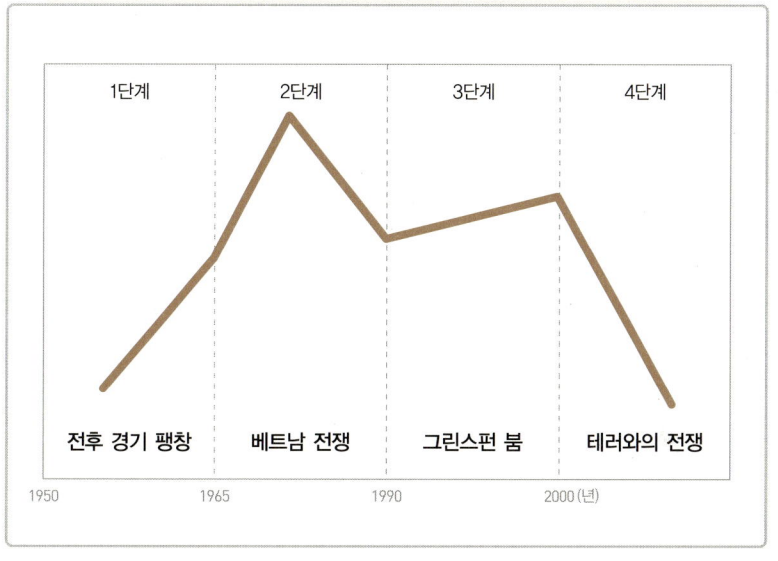

콘드라티예프 주기론의 4단계

| 1단계 | 2단계 | 3단계 | 4단계 |

전후 경기 팽창   베트남 전쟁   그린스펀 붐   테러와의 전쟁

1950   1965   1990   2000 (년)

콘드라티예프 주기론에 따르면 세번째 단계는 20세기 마지막까지 지속되었고 2001년부터 장기적인 불황이 시작된 셈이다. 이제 완연하게 마지막 단계에 들어선 것이다. 주기론을 믿는 사람들은 세계 경제가 또 한 번의 불황에 접어들었을 가능성이 있다고 주장한다.

오늘날의 걱정스러운 상황을 살펴보면 세계 경제가 어려움에 직면했다는 주장이 설득력 있게 다가온다. 역사적으로 주요 경제 위축기 직전에는 거의 모두 장기간의 번영기가 있었다. 이러한 번영기에는 금융 기관과 개인 모두 부주의해진다. 번영기가 너무 오래 지속되어 대부분의 시장 관계자들이 어려운 시절에 대한 경험이나 기억이 아예 없는 경우도 있다. 충분한 심사숙고 없이 신용 대출이 이루어지므로 신용 거품이 형성되고 이는 다시 자산 거품으로 연결된다.

결국 이러한 거품은 붕괴되고 다른 분야도 연쇄적으로 타격을 받아 경제 위기가 찾아온다. 이러한 시기의 중요한 특징은 바로 소비자 신뢰 상실이다. 경제 붕괴로 인한 상실감이 너무나 극심하기 때문에 신뢰를 회복하려면 엄청난 시간이 걸린다. 이는 부서진 자동차의 부품을 갈아 끼우는 것처럼 간단한 일이 아니다. 일단 신뢰가 무너지면 그 전과 같은 상태로 복구하는 데 몇 달, 심지어는 몇 년이라는 오랜 시간이 필요하다.

현재의 상황을 콘드라티예프 주기론의 마지막 단계와 비교해보면 놀랄 만큼 공통점이 많다. 우선 자산과 신용 거품이 붕괴되었으며 디플레이션이 시작되었다. 분노와 냉담이라는 정서가 미국 전역에 팽배해 있다. 2001년부터 시작된 주기의 마지막 단계는 꽤 오랫동안 지속될 수도 있다. 혹자는 장기적인 불황이 이미 시작되었다고 주장한다. 물론 장기적인 불황에도 나름대로의 부침이 있지만 전체적인 상황은 변하지 않는다.

물론 미국과 중국을 포함한 각국 정부가 실시한 시의적절한 대규모 경기 부양 프로그램 덕분에 또 한 번의 불황을 피할 수 있었다고 믿는 사람들도 적지 않다. 과거에 비해 경제를 관리하는 능력이 향상되었다는 점에 기대를 걸며 콘드라티예프 주기론이 더 이상 맞아 떨어지지 않기를 간절히 바란다.

그러나 여러 가지 노력에도 불구하고 고대 마야인들과 유대인들이 깨달았던 것처럼 경기 순환은 알 수 없는 이유로 되풀이될 수 있는 것이다.

니콜라이 콘드라티예프

니콜라이 콘드라티예프는 소련 공산당을 위해 일했으며 첫 번째 5개년 계획을 세우는 데도 공헌했다. 그러나 경기 순환의 불가피성에 대한 콘드라티예프의 연구는 독재자인 스탈린의 마음에 들지 않았다. 공산주의자들의 유토피아에서는 경기 순환이라는 것 자체가 존재할 수 없었던 것이다. 유토피아는 모든 사람이 언제까지나 행복하게 사는 곳을 의미했기 때문이다. 콘드라티예프는 1930년에 체포되어 시베리아 수용소로 유배되었으며 1938년에 46세의 나이로 처형되었다.

대공황은
미래에 어떤 교훈을 던져주는가

미국 역사상 가장 심각한 경제 위기는 1929년 10월 29일의 주식 폭락 사태로 시작되어 1939년 제2차 세계대전의 발발과 함께 종지부를 찍었다. 주식 폭락 사태 후에도 주식 시장은 계속 수직 낙하했다. 폭락이 시작된 후, 처음 6일간 시장 가치는 1/3이나 떨어졌다. 그 다음 3일간에는 90%가 떨어졌다.

많은 사람들이 열심히 저축해 놓은 노후 자금이 하루아침에 거의 모두 증발해버렸다. 당시의 첨단 기술주였던 RCA는 주당 420 달러에서 28달러로 급락했다. 또한 우량주였던 골드만 삭스

(Goldman Sachs Trading)의 주식도 주당 262.75달러에서 1.75달러로 떨어졌다.

주식 투기도 과열 양상을 보였다. 전체 은행 대출의 약 40%가 주식을 매입하는 데 투자되었다. 원유 회사인 씨티 서비스(City Services)는 주식을 발행해서 얻은 수익으로 주식 시장에 투자를 했다. 다른 기업들도 앞다투어 주식 투기에 뛰어들었다.

유명한 배우이자 코미디언인 그루초 막스(Groucho Marx)를 비롯한 수많은 사람들이 주식 시장에 투자를 했다. 그루초 막스는 일생 동안 모은 24만 달러를 잃었다. 나중에 그는 "더 많은 돈을 잃을 수도 있었지만, 그 돈이 내가 가진 전부였다"라고 말했다.

투자 신탁이라는 새로운 금융 상품은 주식을 매입하기 위해 탄생했다. 일단 신탁이 만들어지면 투자자들에게서 자금을 모으고 은행에서도 자금을 융자하여 주식에 투자한다. 1930년대에는 이러한 신탁이 1,000개가 넘었다. 그러나 제2차 세계대전이 시작될 즈음에는 그 중 반 수 이상이 파산했다.

1929년에 최고점을 찍고 폭락한 다우 존스 지수가 다시 그 최고점에 도달한 것은 1954년이었다. 25년이라는 시간이 걸린 셈이다.

1920년대는 기술적인 변화 때문에 수익과 배당금이 높아졌으나, 반면 경제 기반은 더욱 평가하기 어려워져 거품이 형성될 여지가 많았다. 소비자 신뢰의 상실은 실물 경제에 큰 타격을 입혔다. 실업률은 25%를 넘어섰다. 생산과 기업 수익은 최고 수준에서 45% 이상 떨어졌다. 경제 규모는 1929년과 1933년 사이에 30%나 위축되었다. 1937년과 1938년 사이에는 다시 13% 줄어들었다. 경제의 구조, 특히 연방 정부의 역할은 크게 변화하였다. 이러한 경제적 어려움은 유럽 대륙까지 퍼졌으며 이는 히틀러의 나치당이 세력을 확장하는 계기가 되기도 했다.

불황으로 농부들도 큰 타격을 입었다. 제1차 세계대전 기간 동안 농부들은 전쟁을 지원하기 위해 설비가 허락하는 최대한도로 농산물을 생산했다. 그러나 일단 전쟁이 끝나자 수요가 줄어들었고 농산물 가격도 크게 떨어졌다. 농부들은 가격 폭락을 상쇄하기 위해 보다 많은 농산물을 생산했다. 그러자 농산물 가격은 더욱 폭락하여 많은 농부들이 생활비조차 감당할 수 없는 지경에 빠졌다. 농장의 파산이나 폐쇄가 줄을 이었다. 겨울에는 옥수수를 난로용 연료로 사용하는 농민들도 생겨났다. 나무나 석탄을 사는 것보다는 그편이 더 싸기 때문이었다.

아이오와 주에서는 한 무리의 농민들이 농장 폐쇄 판결을 내린 판사를 법정 밖으로 끌어내어 구타하고, 농민들을 보금자리에서 내쫓는 판결을 내리지 말 것을 요구하기도 했다.

정부는 문제의 핵심이 과잉 생산이라는 결론을 내리고 농산물 생산을 제한하는 조치를 취했다. 작물을 심지 않는 대가로 농민들은 보조금을 지원받았다. 이러한 관행은 오늘날에도 계속되고 있다(현재 미국 정부는 어느 정도 이상의 농작물을 생산하지 않도록 농부들에게 매년 수십억 달러를 제공하고 있다).

도시의 상황 역시 다를 바 없었다. 적어도 농민들은 스스로 먹을 식량은 생산할 수 있었지만 도시 사람들은 그럴 수조차 없었다. 따라서 도로, 다리, 수영장, 야구장 등의 인프라를 건설하기 위해 공공산업진흥국(Workers Progress Administration)이 설립되었다. 또한 청소년 활동을 지원하기 위해 민간 자원 보조단(Civilian Conservation Corp.)이 설립되어 공원과 호수 및 기타 자연 자원을 보존하고 가꾸었다.

지금 와서 되돌아보면 당시 많은 위험 징조가 있었지만 정부 관료들을 포함한 대부분의 사람들은 이를 알아차리지 못했다. 표면적으로 1920년대는 번영의 시대였으며 많은 사람들이 경제가 좋은 상태라고 생각했다. 경제가 번영하고 있다는 공감대가 형성되자 많은 자금이 주식 시장으로 흘러들었다. 한 오하이오 주립 대학 교수는 1929년 10월 13일자 〈뉴욕타임즈〉 사설에서 "앞으로 여러 해 동안 주식 가격은 고공행진을 계속할 것이다", "부, 생산 효율성, 유통망의 눈부신 발전은 계속될 것이다", "지금이야말로 소액 투자자들의 시대다"라고 주장하기도 했다.

대공황 직전의 1920년대는 상류층의 황금기였다. 그러나 평범한 사람들은 경제 발전의 혜택을 거의 받지 못하고 있었다.

제1차 세계대전 동안 정부의 지출 증가는 세금 수익 증가율의 3배나 되었다. 일단 전쟁이 끝나고 정부 지출이 줄어들자 심각한 경기 침체가 찾아왔다.

당시 매해마다 600개의 은행이 문을 닫았다. 농업, 에너지, 석탄 탄광, 섬유, 신발, 조선, 철도 등의 산업이 고전했으며 농장 가격은 40%나 떨어졌다. 전미 광산 노조(United Mine Workers Union)의 노조원 수는 50만 명에서 7만 5,000명으로 줄어들었다. 수백 만 명의 제조업 종사자들이 자동화의 여파로 직장을 잃었다. 자동차 판매는 주식 시장이 붕괴되기 전 9개월 동안 1/3이나 떨어졌다.

이러한 수치를 보아도 1920년대의 경제는 결코 좋은 상황이 아니었다. 그러나 자동화를 비롯한 기술 발달로 당시 10년간 근로자당 생산성은 엄청나게 향상되었다. 그러한 생산성 향상과 기업 수익 증가로 발생한 이익의 대부분은 부유한 사람들에게 돌아갔다.

1920년대에는 수입과 부의 분배가 심한 불균형을 보였다. 1929년에는 상위 1%가 국가 전체 부의 40%를 소유하고 있었다. 1920년부터 1929년까지 10년 간 인구의 90% 이상이 구매력 하락을 경험했다. 전체 가정의 약 15%만이 중산층으로 분류되었다. 1929년 무렵에는 전체 미국 인구 중 절반 이상이 빈곤선 아래의 생활을 하고 있었다.

1929년 주식 시장 붕괴와 같은 엄청난 규모의 경제적 재앙은 아무도 예상하지 못했던 외부적인 충격과 여러 가지 정책적 실수가 결합되어 생긴 결과였다.

1929년에 허버트 후버(Herbert Hoover)가 대통령으로 취임했다. 후버 대통령과 앤드류 멜론(Andrew Mellon) 재무부 장관을 포함한 경제 고문들은 실질적인 경제 상황을 전혀 파악하지 못하고 있었다. 후버 대통령의 주된 걱정거리는 주식 시장의 투기였다. 따라서 대통령은 멜론 재무부 장관에게 투기를 억제하도록 지시했다. 대통령과 재무부 장관은 여러 번의 연설을 통해 투기의 해악을 강조하여 시장의 신뢰감에 상처를 입혔다.

후버 대통령은 국민들에게 "경제 문제는 잠시 지나가는 일일 뿐이며 60일 내에 끝날 것이다"라고 장담했다. 국민들이 이미 가난에 허덕이고 있으며 정부의 도움이 절실히 필요하다는 사실은 안중에도 없었다. 그는 부가 위에서 아래로 전달되리라고 믿었다. 은행과 기업이 도움을 받으면 결과적으로 나머지 경제 전반도 회복되리라 생각했던 것이다.

이후 후버 대통령의 뒤를 이어 대통령에 취임하게 될 당시 뉴욕주 주지사 프랭클린 D. 루스벨트(Roosevelt)조차 "투기를 막기 위해 강력한 조치를 취하지 않는다"며 후버 대통령을 비판했다.

경제가 약화되고 세수가 줄어들자 후버 정권은 재정의 균형을 맞추기 위해 세율을 평균 25.6%에서 50%로 인상했다. 최고 한계 세율(Top marginal rate)은 60%에 달했다. 실업률이 급격하게 증가한 역사적 불황 속에서 이는 오히려 경기 악화를 가속화시키는 최악의 조치였다.

미 의회도 많은 정책적 실수를 저질러 경기 불황을 심화시켰다. 유타 주의 리드 스무트(Reed Smoot) 상원의원과 오리건 주의 윌리스 홀리(Willis Hawley) 하원의원은 외국으로부터의 수입 때문에 많은 미국인들이 일자리를 잃고 있으므로 수입 장벽을 높여야 한다는 주장을 펼쳐 동료 의원들을 설득하는 데 성공했다. 많은 경제 연합과 경제학자 1,028명의 강력한 반대에도 불구하고 스무트-홀리법으로 널리 알려진 1930년 관세법은 의회에서 과반수가 넘는 압도적인 지지를 얻어 1930년 6월에 통과되었다. 평균 관세는 25.9%에서 50%로 인상되었다. 디플레이션 때문에 실제적인 관세 인상의 효과는 훨씬 컸다.

관세법이 통과되기 전부터 23개의 무역 회사들이 시위를 했으나 정부는 철저하게 무시했다. 이 관세법은 전 세계적으로 국수주의를 촉발시켰고 60개국이 미국 상품에 대한 관세를 인상하면서 보복 조치를 취했다. 이는 국제 상거래를 저해하는 중요한 원인이었다. 캐나다는 미국 상품에 대한 관세를 올리고 영연방 상품에 대한 관세는 내렸다.

미국의 수출은 1929년의 52억 달러에서 대공황 최저점인 1933년에는 17억 달러로 감소했다.

가장 큰 타격을 입은 분야는 옥수수, 밀, 면, 담배, 목재 등과 같은 농산품이었다. 당시 미국 농산품은 경쟁 상대가 거의 없었으며 공산품에 비하면 식품에 대한 관세는 매우 낮은 수준이었다. 보호 무역주의자들은 복잡한 논리를 들어 식품과 공산품을 공평하게 다루어야 한다고 주장했다. 결국 해결책은 식품에 대한 관세를 높이는 것이었다. 결국 식품에 대한 높은 관세와 가뭄이 합쳐지면서 수많은 농가가 파산하고 말았다. 수백만 명의 농민이 생계 수단을 잃었고 빈곤해졌다.

전 세계적인 공황 때문에 무역 규모는 어차피 줄어들게 되어 있었다. 이런 상황에서 스무트-홀리 법은 상황을 더욱 악화시키고 대공황이 전 세계로 광범위하게 퍼지는 데 일조했다. 더욱 중요한 점은 이 법 때문에 높아진 보호무역 장벽을 낮추는 데 무려 수십 년이 걸렸다는 사실이다.

가장 분명하게 실패한 정책은 바로 통화 정책이었다. 후버 대통령과 마찬가지로 연방 준비 위원회의 일곱 의원은 주식 시장의 투기에만 지나치게 신경을 썼다. 1929년 2월 연방 준비 위원회는 '주식 시장의 투기를 지원하는 데 재할인 기관을 이용해서는 안 된다'는 지시를 관할 12지구 은행에 내렸다. 또한 대출을 억제하고 금융계에 강력한 메시지를 전달하기 위해 당시 통화 정책의 주요 도구였던 재할인율을 5%에서 6%로 인상했다. 그 후 영국 중앙 은행

(Bank of England)도 이 조치에 따라 재할인율을 1% 인상했고 다른 유럽 중앙 은행들도 이에 동참했다.

투기를 억제하려는 연방 준비 위원회와 후버 정권의 조치는 금융 시장과 경제에 실질적인, 그리고 심리적인 영향을 미쳤다. 신용 경색 현상이 나타났으며 은행들은 주식 투기와 관련된 대출을 회수하기 시작했다. 당시 은행 대출의 약 40%가 이에 해당됐다. 당시 투자자들은 은행 대출을 받아 매입한 주식 가치의 10%를 지불하고 나머지 90%는 중개 업체에서 대출하는 경우가 많았다. 불안해진 투자자들은 대량으로 팔자 주문을 내기 시작했고 주식 가격은 급격히 떨어졌다.

은행의 부실 대출은 눈덩이처럼 불어갔고 불안해진 예금자들은 힘들게 번 돈을 인출하기 시작했다. 대량 예금 인출 사태가 발생하면서 금융 시스템 전체로 퍼져나갔다. 1929년부터 1933년 사이에 부실 채권과 예금 인출로 은행 예금의 1/3이 사라졌다.

금본위제(Gold Standard)도 통화 공급이 줄어들게 된 원흉 중 하나였다. 당시 미국은 금본위제를 채택하고 있었다. 유통되는 모든 달러는 금과 연동되어 있었다. 금 1온스는 20달러에 해당됐다.

은행에서 돈을 인출한 예금주들은 옷장이나 침대 밑에 현금을 쌓아두었다. 이렇게 쌓여있는 현금도 금과 연동되어 있었기 때문에 더 많은 금이 없이는 연방 준비 위원회가 화폐를 발행할 수 없었다. 화폐를 발행하지 못하므로 통화 공급을 늘릴 수도 없었다.

추후에 경제학자들은 연방 준비 위원회가 통화 공급 위축을 상쇄시켜야 하는지에 대해 논쟁을 벌였다. 고(故) 밀턴 프리드먼(Milton Friedman)과 안나 슈바르츠(Anna Schwartz) 교수는 《미국의 통화사(The Monetary History of the United States)》라는 유명한 저서에서 "중앙 은행이 통화 공급을 증가시킬 수 있으며 또한 그렇게 해야 한다"고 주장했다. 이 두 사람은 "통화 정책을 제대로 추진했다면 주식 시장 붕괴로 시작된 경제 공황은 단순한 경제 위축으로 그쳤을 수도 있었다"고 역설했다.

미국 뉴욕 은행(New York Bank of the United States)과 같은 일부 대형 은행이 파산했고 공포가 전국적으로 확산되었지만 정부 특히 연방 준비 위원회는 타격을 줄이기 위해 아무 조치도 취하지 않았다. 이는 리만 브라더스 만한 규모의 금융 기관이 여러 개 연속으로 파산하는 것과 맞먹는 효과를 가져왔다. 프리드먼과 슈바르츠 교수는 중앙 정부가 파산한 은행에 유동 자금을 제공하는 한편, 최소한 이 은행들이 소유했던 정부 채권은 매입해야 했다고 주장했다.

1932년 뉴욕 주 주지사였던 프랭클린 D. 루스벨트가 허버트 후버를 쉽게 물리치고 대통령에 당선되었다.

루스벨트는 1933년 3월 대통령에 취임했는데, 같은 달에 또 한 번의 금융 공황과 은행 예금 인출 사태가 일어났다. 루스벨트는 대량 예금 인출 사태를 막기 위해 신속하게 은행 공휴일을 선포하고 은행의 영업을 중지했다. 은행 공휴일 조치는 성공적이었다. 4일 후 은행이 다시 영업을 시작했을 때 예금 인출 사태는 잠잠해졌고 모든 은행이 살아남았다.

루스벨트 대통령은 기업에 너무나 많은 돈과 권력이 집중되는 것이 근본적인 문제라고 생각했다. 루스벨트 대통령은 "미국 국민을 위한 새로운 정책을 실시할 것을 나 자신과 여러분에게 맹세합니다"라는 유명한 연설로 뉴딜 정책을 선언했다. 루스벨트는 노조와 농민들에게 더욱 많은 권한을 주는 한편, 기업 수익에 대한 세금을 인상하기 시작했다. 미네소타 주와 같은 일부 지역에서는 민주당이 당명을 '농민노동자당'으로 바꾸어 새로운 연대를 강조하기도 했다.

취임과 동시에 루스벨트 대통령은 나라 전체적으로 신뢰감이 크게 무너졌다는 사실을 알아차렸다. 국민들이 정부가 자신들 편에 서서 경제 문제를 해결하리라는 믿음을 갖지 못하면 아무리 자금을 많이 투입해도 불황에서 벗어날 수 없으리라는 사실을 깨달았다.

정부에 경제 문제를 해결하기 위한 청사진이 있다는 사실을 증명하기 위해 루스벨트 대통령은 취임 직후 100일간 수많은 프로그램을 발동했다.

1933년과 1934년에 미 정부는 대공황을 타파하기 위해 거의 20개에 가까운 주요 사업을 시작했다. 연방 예금보험 공사(Federal

Deposit Corporation), 테네시강 유역 개발 공사(Tennessee Valley Authority), 농업 금융국(Farm Credit Administration), 글래스-스티걸법(Glass-Steagall Act), 연방 통신 위원회(Federal Communications Commission), 증권 거래 위원회(Securities Exchange Commission) 등이 대표적인 예이다. 1935년에는 사회보장법(Social Security Act)과 은행법(Banking Act)을 포함한 추가적인 법안이 의회를 통과했다.

경제는 이러한 조치에 긍정적인 반응을 보였다. 이후 4년간 경제는 매우 순조롭게 성장했고 실업률은 1933년의 25%에서 1937년 14%로 떨어졌다.

1938년에는 잠시 성장률이 주춤했으나 제2차 세계대전이 발발하고 정부 지출이 급격히 증가하면서 대공황은 비로소 막을 내렸다. 1941년에 일본이 진주만을 공격하자 군수품 제조는 50%나 급증했다.

경제 역사학자들은 루스벨트가 백악관에 입성했던 1933년, 바닥을 쳤던 경제가 놀랄 만큼 회복된 것에 대해 어떻게 설명하고 있을까? 루스벨트 대통령이 추진한 수많은 정부 사업과 관련하여 정부 지출이 엄청나게 늘어난 것도 경제에 긍정적으로 작용했다. 그러나 더욱 중요한 것은 루스벨트 대통령이 어려움에 빠진 경제를 치유할 청사진을 제시했으며 어두운 터널 끝에 빛이 보이기 시작한다는 걸실의에 빠진 국민들에게 일깨워주었다는 사실이다.

한마디로 뉴딜 정책과 국민들의 신뢰감을 회복할 수 있었던 루스벨트 대통령의 역량, 그리고 제2차 세계대전의 발발이 복합적으로 작용하여 대공황이 막을 내렸다고 할 수 있다.

물론 당시에는 외부적 충격에 경제를 더욱 취약하게 노출시키는 구조적인 문제점들이 많았다. 정책적인 실수 이외에도 대량 예금 인출 사태와 은행의 도산을 막을 제도적 장치가 전혀 없었다. 예금자 보험도 훗날에야 만들어졌다. 주식 시장에 지나치게 많은 투기가 성행하고 있었다는 것에는 모든 사람들이 동의했다. 결국 투기를 억제하기 위해 규제 체제와 증거금(Margin Requirement)제도가 도입되었다.

금본위제는 경제, 특히 연방 준비 위원회의 운신의 폭을 좁게 만들었다. 훗날 금본위제가 폐지되자 연방 준비 위원회는 보다 자유롭게 통화를 발행하게 되었다. 루스벨트 대통령은 1933년에 금을 쌓아두고 유통시키지 않는 것을 막기 위해 개인의 금 소유를 불법화하는 대통령령을 발표했다.

대공황과 같은 엄청난 재난은 주로 예상치 못한 외부 충격과 함께 일어나는 경우가 많다.

1930년에는 큰 가뭄이 미시시피 계곡 유역을 덮쳤다. 당시 미국 경제는 아직 농업에 크게 의존하고 있었고, 실제로 국민의 상당수가 농업 또는 농업과 관련한 일로 생계를 유지하고 있었다.

몇 년이나 계속된 가뭄은 너무나 심각해서 '모래 폭풍'이라고 불릴 정도였다. 농산물 생산이 급감하거나 아예 불가능하게 되어 농가 수익은 급격하게 떨어졌다. 많은 농민들은 주택 대출금을 갚지 못해 농장과 집을 잃고 말았다. 베스트셀러 작가인 존 스타인벡(John Steinbeck)은 《분노의 포도》라는 책을 발표하여 모래 폭풍 시대에 농민들이 겪은 곤경을 묘사하기도 했다.

또 하나의 외부적인 충격은 피라미드형 사기 사건이 발생한 것이었다.

런던의 보험 판매원이었던 클라렌스 하티(Clarence Harty)라는 사람이 투자 금융에 뛰어들었다. 하티는 '기업과 일반 증권(Corporation and General Securities)'이라는 회사를 설립했다. 하티는 꾸준하게 높은 수익을 올려 투자자들의 신뢰를 얻었다. 결국 미국 철강(U.S. Steel)의 주식에 투자하기 위해 유령 담보물을 이용해 800만 파운드의 자금을 대출하려다 덜미를 잡혔다.

1929년 9월 21일 하티의 체포 소식이 〈뉴욕타임즈〉의 1면에 실리자 주식 시장 전체에 불안감이 퍼져나갔다. 미국의 투자자들은 이와 비슷한 사기 사건이 발각되어 미국 주식 시장에도 큰 타격이 있지 않을까 크게 우려했다. 이처럼 하티의 사건은 주식 시장의 신뢰도에 상당히 부정적인 영향을 미쳤다.

이와 같은 주요 경제적 사건은 정치·사회적으로도 영향을 미치게 된다. 뉴딜 정책 이후 개개인의 삶에서 연방 정부가 차지하는 역할이 급격히 늘어났다. 이렇게 되면서 노동 연합, 흑인 단체, 정부 원조를 받는 기타 그룹들이 진보적 정치 연합을 형성하였다. 결국 이 연합은 보수파의 반발을 불러와 레이건 정권부터 부시 정권에 이르기까지 장기간 보수정권이 집권하는 결과를 낳기도 했다.

심리적으로는 남성들이 여성들보다 더 큰 타격을 입었다. 당시에는 남성들이 가족의 생계를 꾸려가는 책임을 지고 있었고 여성들은 보통 집에서 가족을 돌보았다. 가장으로서 정부 보조를 신청하고 식량 배급을 받기 위해 줄을 서서 기다리는 일은 매우 굴욕적이었다. 이러한 아픈 기억은 결코 잊혀지지 않았다. 대공황을 겪은 세대들은 검소하게 사는 법을 배웠으며 대공황이 끝난 후에도 빚을 지는 것을 꺼리게 되었다.

또한 누구보다 많은 고통을 겪은 사람들은 흑인이었다. 당시에는 아직 인종차별이 성행했기 때문에 가장 먼저 직장을 잃는 사람들은 흑인 근로자였다. 백인 근로자에게 일자리를 만들어주기 위해 흑인 근로자를 해고하는 경우도 적지 않았다.

대공황의 여파는 유럽으로 퍼졌으며 유럽 또한 미국과 마찬가지로 참담하고 고통스러운 시기를 겪었다. 히틀러와 나치당은 독일에서 이러한 분노와 불안정한 정서를 이용하여 세력을 키워나갔고 결국에는 제2차 세계대전을 일으켰다.

대공황 이후 역사학자들은 지속적으로 대공황의 원인에 대한 논쟁을 벌여왔다. 일부 학자들은 자유 시장 자체가 실패한 것이며 결국은 오류를 수정하고 올바른 방향으로 나아가게 되었다고 주장했다. 다른 학자들은 시장에서 정부가 제 역할을 다하지 못한 것이 대공황의 원인이라고 주장했다. 더욱 정확하게 말하면 정부가 시장에서 더욱 큰 역할을 했어야 한다는 주장이다. 루스벨트 대통령은 연방 정부의 역할을 늘려야 한다고 생각했다. 그리고 그 이후 정부는 국민 개개인의 삶에서 점점 큰 역할을 차지하게 되었다.

경기 침체와 불황의 차이점

레이건 전 대통령은 "이웃 사람이 직장을 잃으면 경기 침체지만 내가 직업을 잃으면 불황이다"라고 말한 바 있다. 연방 준비 위원회 버냉키(Bernanke) 의장은 1994년에 발표한 논문에서 "대공황을 이해하는 것은 전반적인 거시경제를 이해하는 것과 같다"는 말을 했다.

경기 침체 또는 불황에 대한 정확한 정의는 없다. 대체적으로 연속 2분기 동안 마이너스 경제 성장률을 기록하면 경기 침체로 본다. 여러 대학의 경제학자들로 구성된 뉴욕의 전미 경제 조사국 (National Bureau of Economic Research in New York)이 고용, 생산, 수입 등과 같이 다양한 지표를 연구한 후 경기 침체의 시작과 끝을 선언한다.

그러나 불황의 경우는 이러한 대체적인 기준이 없다. 경기 침체와 달리 불황을 선언하는 기관도 없다. 불황은 마이너스 성장의 정도와 기간으로 판단하는 경우가 많다. 일반적으로 마이너스 성장이 3년 이상 지속되거나 10% 이상 진행되는 것을 불황이라 한다. 대공황은 이 두 가지의 기준에 모두 부합했다. 1929년부터 1933년 사이에 생산은 약 30% 감소했다. 그리고 1937년과 1938년 사이에 GDP는 추가적으로 13%라는 큰 폭의 감소를 기록했다. 미국 역사상 가장 긴 불황은 1873년에 시작되어 1879년까지 65개월간 지속되었다.

1930년대에 독일과 프랑스는 불황을 겪었다. 그러나 1990년대 일본의 소위 '잃어버린 10년'은 불황으로 간주되지 않는다. 그 기간 동안 생산이 10% 이상 떨어지지 않았기 때문이다. 공산주의가 붕괴된 후 러시아의 경제는 1990년부터 1998년 사이에 45% 위축되었다. 1990년대의 아시아 경제 위기 때는 인도네시아, 말레이시아, 태국에서 불황이 발생했다. 아르헨티나와 폴란드는 최근에만 각각 두 번의 불황을 겪었다.

경기 침체와 불황은 원인으로도 구별할 수 있다.

경기 침체는 일반적으로 급격한 유가 상승과 같은 외부 충격과, 엄격한 통화 정책 때문에 발생한 지나치게 빠른 이자율 상승이 결합되어 일어난다. 제2차 세계대전 이전에 미국이 겪은 가장 심각한 경기 침체의 원인은 금융 공황과 붕괴였다. 전쟁이 끝난 후, 통화 정책을 완화하면서 높은 이자율 때문에 발생했던 경기 침체가 회복되었다. 또한 경제에서 정부 부문이 차지하는 비중이 더욱 커지게 되었다. 경제가 어려워지면 정부는 지출을 늘려 경기 침체의 충격을 완화한다.

이에 비해 불황의 가장 흔한 원인은 신용이 지나치게 남용되면서 형성된 자산 거품이다. 언젠가 거품은 꺼지게 되어 있고 그렇게 되면 상당 기간 신용 경색과 디플레이션이 이어진다.

2008년 세계 금융위기의 원인을 따져보면, 불황의 모습과 매우 유사하다. 경기 팽창이 6년 이상 계속되었으며, 신용 대출이 지나치게 쉬워졌기 때문에 주식과 주택 가격에 거품이 형성되었다. 두 시기 모두 소비자 부채와 차입이 급격히 늘어났다. 사람들은 다양한 물건을 할부로 구매했다.

주택 가격 하락 또한 대공황 시대와 오늘날의 주요 공통점 중 하나이다. 주택 가격이 떨어지면서 사람들은 자동차, 가전제품, 가구 등을 구매하지 않게 되었다. 기업들의 정리 해고가 이어지자 사람들의 수입과 자신감도 큰 타격을 입었다. 이러한 연쇄 반응이 일어나면서 경제 침체는 점점 깊고 넓게 퍼져갔다. 비슷한 현상이 오늘날 미국에서도 일어나고 있다.

그렇다면 불황의 모습과 유사한 2008년 세계 금융위기가 경기 침체에서 불황으로 이어지지 않는 이유는 뭘까?

경제학자들은 정부 정책이 과거와 다르다는 점을 지적한다. 대공황 때에는 재정 적자를 줄이기 위해 세금을 인상했으며 통화량이 30%나 줄어들도록 방관했고 관세도 인상했다. 이러한 모든 정책은 경제를 불황에서 구해내기 위해 필요한 조치와 정확히 반대되는 정책들이었다. 반면 오늘날 전 세계 여러 나라의 정부는 세금을 내리고 이자율을 낮추며 관세 또한 낮추기 위해 협상하고 있다.

또한 대공황과 2008년 세계 금융위기 상황 사이에는 중요한 차이점이 존재한다.

미국 실업률이 25%에 육박했던 대공황 때와 달리 오늘날의 실업률은 약 10%(2009년 9월 기준)에 지나지 않는다. 1930년대에는 대부분의 여성이 일을 하지 않았기 때문에 남성이 직장을 잃으면 가족의 수입원도 끊기기 마련이었다. 다행히 오늘날에는 많은 여성들이 일을 하고 있으므로 대부분의 가정에 두 개의 수입원이 있다. 또한 오늘날에는 해고된 근로자들이 일정 기간 동안 실업 수당을 받을 수 있기 때문에 직장을 잃은 어려움을 일정 부분 상쇄할 수 있다.

또한 은행 시스템도 당시와는 다르다. 1930년대에는 전체 은행의 약 1/3이 심각한 문제를 겪었고 파산한 은행도 많았다. 예금자 보험도 없었기 때문에 수많은 사람들이 열심히 일해서 저축한 돈을 모두 잃었다. 은행 시스템 전체에 공포가 확산되었으며 대출은 실질적으로 정지되었다. 통화 공급은 1/3이 감소했다. 이렇게 됨으로써 수입은 감소하지만 실질적인 부채 의무는 증가하는 최악의 디플레이션을 맞게 된 것이다.

하지만 2008년 세계 금융위기의 상황은 전혀 달랐다. 수많은 은행이 수십억 달러 규모의 부채로 어려움에 처했지만 실제로 파산한 은행은 많지 않았다. 또한 전 세계 금융 시스템이 하나로 연결되어 있어 충격파를 바로 분산시킬 수 있다. 또한 가장 중요한 차이점은 미국 정부가 최대 25만 달러까지 보증해주는 예금자 보호 프로그램이 정착되어 있다는 점이다.

앞에서 지적한 바와 같이 최근 주택 시장의 상황은 과거와 비슷하다. 대공황 당시 투기가 맹위를 떨치면서 주택 가격은 하늘 높은 줄 모르고 치솟았다. 대부분의 주택 자금 대출은 5년 후 크게 불어났다. 그러나 주택 가격이 떨어지면서 대부분의 가정은 주택 대출금을 감당할 수 없게 되었다. 대공황이 가장 심각했던 시기에는 스무 과정 중 한 가정이 살던 집을 잃었다. 최근에도 집을 저당 잡히는 비율이 늘어나긴 했으나 대공황 당시의 수준까지 도달하지는 않았다.

또한 예전과 달리 오늘날에는 여러 가지 안전망이 갖추어져 있다. 1930년대에는 누진세율을 적용하는 세금 제도가 없었기 때문에 세금은 소득에 비례하여 감소했다. 오늘날의 누진세 체제 하에서는 소득이 줄어들면 세금이 훨씬 더 많이 줄어들기 때문에 소득 감소의 충격을 다소 흡수할 수 있다. 실업 보험과 사회 보장 제도 또한 과거에는 없었던 안전망이라 할 수 있다.

이러한 사실들을 늘어놓고 보면 오늘날의 경제는 어떠한 어려움도 이겨나갈 수 있을 것처럼 보이기도 한다. 다만 오늘날에는 예전에 없었던 문제들이 존재하고 있다.

예를 들어 과거와 달리 수십억 달러 규모의 자산을 보유한 헤지펀드 같은 그림자 금융 체제가 존재하므로 금융위기의 위험성은 더욱 커졌다. 전 세계의 금융 시장은 예전과는 비교할 수 없을 만큼 커지고 복잡해졌다. 또한 전 세계 경제가 서로 밀접하게 연결되어 눈깜짝할 사이에 충격이 전달된다. 이는 미국 같은 나라조차 자신의 힘으로 운명을 좌지우지할 수 없게 되었음을 의미한다. 즉 한 나라의 경제 정책보다는 전 세계 경제 정책이 더욱 중요해진 것이다.

기본적으로 심각한 경제 위기가 찾아올 수 있다는 가능성은 결코 배제할 수 없다. 매번 경제 문제를 야기하는 상황과 원인은 다르기 때문이다.

Part 02

금융위기의
본모습

월 가의 위기는 어떻게 심화되었나

2008년부터 서브프라임 대출 위기가 대두되기 시작했다. 전 세계 투자 은행들은 주택 대출과 관련된 채권만으로도 수십 억 달러에 달하는 손실을 입었다. 서브프라임 관련 증권, 구조화 투자 기관(Structured-investment Vehicles), 차입 대출(Leveraged Loans), 상업 건물 대출 등의 기타 손실도 커졌다. 또한 단종 보증 보험사(Monoline Bond Insurance Business)와 자동차, 신용카드, 학자금 등을 위한 증권화 대출이 모두 부실화 가능성을 보임에 따라 추가적인 손실도 발생할 수 있었다. 또 금융 시장의 동력인 은행과 자본 시장이 흔들리자 경제 발전 속도가 느려지며 금융 시장도 정상 궤도에서 이탈하기 시작했다.

월 가의 금융 기관들은 대출자와 투자자를 이어주는 역할을 제대로 수행하지 못했다. 서브프라임 주택 담보 대출이 하나의 예다. 신용이 충분히 쌓이지 않은 채무자들에게도 대출이 승인되었다. 또한 이러한 부실 대출을 한 데 묶어 노르웨이의 학군, 켄자스 주에 있는 작은 신용 협동조합, 그리고 한국의 몇몇 은행 등과 같은 선량한 투자자들에게 매각했다.

월 가의 금융 기관들은 어떤 자산도 한 데 묶어 증권을 발행할 수 있었다. 이를 잘 보여주는 예가 바로 차입 매수 대출(Leveraged Buyout Loans)이다. 은행들은 큰 자금을 사모펀드(Private Equity Funds)에 대출하여 크라이슬러, 퍼스트 데이터, 라스베가스의 카지노, 맨하탄의 고층빌딩 등을 매입했다. 원래 계획은 이러한 대출을 증권으로 발행하여 유통 시장(Secondary Market)에 판매함으로써 상당한 수수료를 챙기려는 것이었다. 또한 이렇게 하면 대출을 은행 장부에서 제거하는 셈이 되므로, 부실 대출을 대비한 지급 준비금을 따로 마련해 둘 필요가 없기 때문에 더더욱 매력적이었다.

그러나 서브프라임 위기가 확산되고 경기 침체가 시작되면서 이렇게 증권을 발행하는 형태의 대출에 대한 수요는 급격히 줄어들었다. 은행들은 원치 않는 부실 대출을 없애기 위해 노력했지만 손실이 늘어나고 자본금에도 타격을 입었다. 은행 관계자들은 할 수 없이 중동이나 아시아까지 달려가 머리를 조아리며 투자자들을 모아 자본금을 보충하려고 했다. 그러나 자산 건전성을 중요시하는 이러한 기관들은 어지간해서는 돈을 대출해주지 않았다.

그 다음으로 눈을 돌린 것은 상업용 부동산 담보 대출이었다. 하지만 여기에도 문제는 있었다. 대출 및 제조업 관련 기업이 하나 둘씩 문을 닫으면서 상업용 건물에도 점차 빈 임대 공간이 늘어나기 시작한 것이다. 이러한 건물들을 매입하기 위해 자금을 구하기는 더욱 어려워졌다. 잠재적인 투자자들은 상업용 부동산을 담보로 발행한 채권에 대해 불안감을 느끼고 있었다.

신용카드 담보 대출 또한 많은 문제점을 안고 있었다. 경기가 침체함에 따라 소비자들은 생활 수준을 유지하기 위해 신용카드를 사용하기 시작했다. 평소라면 신용카드는 주로 가구, 가전제품, 보석 등과 같은 자유 재량 품목을 구입하는 데 사용된다. 그러나 오늘날 미국인들은 식료품, 자동차 연료, 그리고 일상 생필품을 사기 위해 전방위적으로 신용카드를 사용하고 있다. 신용 대출을 할 수 없는 영세업자들은 개인 신용 한도를 이용하여 원자재를 구입하고 현금 서비스로 고용인들에게 급료를 지불하고 있다.

금융 기관들은 2,000억 달러가 넘는 이러한 신용카드 대출을 담보로 증권을 발행하여 투자자들에게 매각해버렸다.

증권 발행 과정에서 많은 일이 잘못되었음이 분명하다. 월 가의 대형 은행들과 소규모 대출 중개업자들을 포함한 대출 발행자들이 대출 자격을 제대로 심사하지 못했다. 은행들은 대출을 장부에 달아놓기보다는 무슨 수를 써서라도 팔아 넘기기에 급급했다.

대출채권담보부증권(CLO, Collatreralized Loan Obligations)이나 부채담보부증권(CDO, Collateralized Debt Obligations)과 같은 상품들은 비교적 최근에 도입되었고 거래 시장도 매우 한정되어 있었기 때문에 투자자들이 투자 대상에 대해 제대로 이해하지 못하고 있었다. 또한 많은 채권의 수익 구조가 견실하지 못했다. 예를 들어 Aaa 등급을 받은 CLO와 CDO의 분할 채권에도 서브프라임 주택 대출이 포함되어 있었던 것이다.

신용 등급 평가 기관 또한 비난을 면하기 어려울 것이다. 서브프라임 대출에 그토록 높은 신용 등급을 매겨 투자자들을 오도한 것이 바로 그들이었기 때문이다.

월 가의 금융 역학

2006년 주택 붐이 정점에 이르렀을 때, 캘리포니아 주 산타모니카에 있는 새 주택이 시장에 매물로 나왔다. 이 집은 남부 캘리포니아의 아름다운 해변에서 불과 몇 킬로미터 정도 떨어진 곳에 위치하고 있었다. 집주인은 이 집을 450만 달러에 매물로 내놓았는데, 주말 오픈 하우스 행사로 집을 개방했을 때 엄청난 수의 구매 희망자가 집을 구경하려 몰려드는 바람에 계획보다 일찍 문을 닫아야 했다.

오픈 하우스 이후 몇 시간도 지나지 않아서 집주인은 내놓은 가격보다 더 높은 가격의 입찰을 5건이나 받았다. 결국 이 집을 산 사람은 대출 금융업자였다. 주택 붐 기간에 엄청난 돈을 번 이 대출 금융업자에게 돈은 문제가 되지 않았다. 부인이 그 집을 매우 마음에 들어 했기 때문에 가격이 아무리 비싸더라도 그 집을 사려고 했던 것이다.

당시 캘리포니아의 주택 가격은 사상 최고치에 다다르고 있었다. 집이 한 채 매물로 나올 때마다 사겠다는 사람이 줄을 섰다. 심지어 집을 구경하기 위해 약속을 잡는 것조차 쉽지 않았다. 집주인을 대리하는 부동산 중개업자들은 마치 왕족과 같은 대접을 받았다. 운이 좋아 집 구경 약속을 잡는 데 성공한 경우, 구매 희망자는 감사의 마음을 표시하기 위해 음식을 들고 찾아가야 했다. 한 집주인은 구매 희망자를 만나기로 약속하기도 전에 가족 사진을 요구하기도 했는데, 물론 이는 불법이다. 어떤 구매 희망자는 마음에 드는 집을 살 기회를 얻기 위해 본인이 소유한 회사의 스톡 옵션을 부동산 중개업자에게 제공하기도 했다.

집을 구매하기 위해서는 현금으로 모든 제안을 해야 했다. 여기저기서 대출금이 흘러 넘쳤으며 은행에서 돈을 대출하기는 너무나 쉬웠다. 금융 기관들은 채무자의 수입, 자산, 채무에 대한 서류를 작성하지도 않고 돈을 빌려주게 되었다. 이를 '무서류 대출'이라고 불렀다.

건설 비용이 상승하고 있었지만 남부 캘리포니아의 땅값은 그보다 훨씬 빠르게 상승했다. 도시의 자투리 만한 땅에까지 빽빽하게 건물이 들어섰고, 더 이상 건물을 지을 땅이 없었다. 또한 오래된 건물을 헐거나 재건축하는 일도 빈번했다.

이제 건설업자들에게 남은 땅이라고는 남부 캘리포니아의 주요 도시에서 수십 마일 떨어진 사막뿐이었다. 주택 붐이 극성을 부릴 때에도 사막에 있는 땅의 가격은 도시에 비해 저렴한 수준이었다. 은행에서 자금을 대출하여 사막에 토지를 구입한 후, 규격화된 모델의 주택을 짓는 것은 그다지 어렵지 않았다.

일단 건설을 마친 다음 건설업자들은 서브프라임 주택 대출을 이용하여 구매자들을 끌어들였다. 이 지역에 집을 사는 사람들은 도시에서 집을 살 능력이 없는 사람들이었다. 도시의 집값은 너무 비싼 데다 프라임 주택 대출을 받을 수 있는 자격은 되지 않았다. 그러나 서브프라임 대출을 이용하면 불가능한 것이 없었다. 심지어는 채무자가 만기일, 이자율 수준, 이자율의 변동·고정 등과 같은 대출 조건을 거의 마음대로 결정할 수 있었다. 뜨거운 사막에 세워진 집들은 불티나게 팔려나갔고 건설업자들과 주택 대출업자들은 큰돈을 벌었다.

실제로 필자의 한 지인도 집값이 매우 높을 때 주택을 마련했다. 당시에는 수중에 돈이 없어도 100% 대출을 받을 수 있었다. 주요 담보 대출과 보조 담보 대출을 동시에 받아 주택을 구입하는 데 아무런 문제가 없었다. 그러나 이제는 주택 담보 대출금이 그 집의 현시세보다 25%나 많은 실정이다.

이는 필자의 지인 외에도 수많은 사람들이 겪은 일이다. 사막에 지어진 집의 반 이상이 채무불이행 상태에 빠졌고 대부분의 집들은 텅 비게 되었다. 많은 구매자들은 은행 관계자와 주택 담보 대출에 대한 협상조차 하지 않았다. 그저 집 열쇠를 은행에 맡기고 마을을 떠났다. 빈 집들을 노린 강도와 약탈이 빈번해졌고 잔디는 몇 달 동안이나 방치된 상태로 무성히 남게 되었다. 남부 캘리포니아에는 여러 개의 고스트 타운이 생겨났다.

역사 속에서 벌어졌던 무수한 호경기-불경기의 순환처럼, 신용 대출이 지나치게 쉬워지면서 형성된 자산 거품은 경기 침체를 촉진시켰다. 더욱 정확하게는 '주택'이 가장 주된 원흉이라고 할 수 있다.

경제에서 주택의 중요성은 결코 간과할 수 없다. 미국 경제학자들은 건설, 금융, 자재 등 전체 직업의 1/8이 주택과 관련된 직업이라고 믿는다. 그러므로 주택 시장이 무너지면 수백만 개의 직업이 사라지게 되는 것이다.

또한 미국에서는 주택 가격과 관련된 경제적인 효과도 상당하다. 경제학자들은 집값이 100달러 오를 때마다 소비자들의 소비가 4달러 증가한다고 추산한다. 집값이 오르면 사람들은 풍요로움을 느끼게 되므로 소비가 증가할 가능성이 크다. 상승한 주택 가치를 현금으로 전환하는 것도 쉬웠다. 은행들은 앞다투어 소위 '주택 담보 대출(Home-equity Loans)'을 기반으로 주택을 소유한 고객에게 돈을 빌려주었다.

규모가 큰 미국 은행 하나가 주택 담보 대출을 적극적으로 추진했다. 소비는 빠르게 늘어났다. 자동차 제조업체부터 은행에 이르기까지 소비자와 직접 관련된 모든 기업들은 이러한 소비 풍조를 십분 활용하여 이윤을 올리고자 했다. 금융 기관들도 예외는 아니었다.

2007년에 어떤 은행은 10억 달러 규모의 '풍요로운 삶' 캠페인을 시작했다. 이 캠페인은 소비자들에게 적극적으로 주택 담보 대출을 이용하여 소비할 것을 촉구했다. 이 은행은 올라가는 주택 가치를 기준으로 손쉽게 대출을 승인했다. 다른 은행들도 주택 담보 대출을 적극적으로 추진했다. 심지어 주택 보유자들이 아예 수표책을 받는 경우도 있었다. 수표책과 연동되어 있는 신용 한도는 주택 가격이 상승함에 따라 매년 올라갔다.

이렇듯 너그러운 신용 문화는 연방 준비 위원회의 지원 없이는 조성되지 못했을 것이다. 연방 준비 위원회 위원장이었던 앨런 그린스펀(Alan Greenspan)은 '기술적인 혁신과 세계화로 인한 경쟁 심화 덕분에 생산성이 향상되고 장기적으로는 인플레의 위험이 줄어든다' 는 논거를 들어 낮은 이자율의 정당성을 주장했다. 1980년 대 초 정점에 도달한 후, 이자율은 지난 25년간 계속 하락했다. 이 자율 하락과 유동성 증가에 따라 신용 대출은 점점 쉬워지고 비용 도 낮아졌다. 자산 거품은 계속 쌓여가고 있었다.

그린스펀의 최대 지지자 중 한 사람은 영국의 고든 브라운 (Gordon Brown) 재무장관이었다. 2002년에 브라운 장관은 그린 스펀에게 기사 작위를 수여하도록 당시 토니 블레어(Tony Blair) 영 국 수상을 설득하였다. 마침내 그린스펀은 런던 버킹검 궁에 초대 를 받았고, 엘리자베스 2세 여왕은 그린스펀의 어깨에 칼을 올려놓 으며 기사 작위를 수여했다. '경제 안정성을 촉진한 공로로 기사 작 위를 수여한다' 는 명목이었다.

기사 작위를 위해 런던을 방문하는 동안 행한 몇 번의 연설에서 그린스펀은 닷컴 거품이 붕괴되어 주식 가격이 하락하고 일부 채권 이 채무불이행 상태가 되었음에도 불구하고 금융 시장은 견실하며 주요 은행의 도산이 없었다는 사실을 강조했다. 또한 전 세계 금융 시장으로 리스크를 분산시키는 복잡한 금융 파생 상품의 발달 덕분 에 경제 안정을 이룰 수 있었다고 주장했다.

많은 사람들이 2008년 전 세계적으로 발생한 금융위기에 대해 그린스펀을 비난하고 있다. 엘리자베스 2세 여왕도 그린스펀에게 기사 작위를 수여한 것을 후회하고 있을지 모른다.

그러나 자산 거품이 형성된 것에 대해 그린스펀 한 사람만을 전적으로 비난할 수는 없다. 1990년대에 기술 혁신이 이루어지면서 생산성이 향상되었다. 세계화가 가속화되면서 경쟁이 심화되고 전 세계적으로 물가 상승률이 낮아졌다. 이에 따라 이자율도 오랫동안 지속적으로 하락했다.

그러나 일부 전문가들은 그린스펀이 자산 거품 붕괴의 위험성에 대해 알고 있었으며 이에 대해 어떠한 조치를 취했어야 한다고 주장한다. 실제로 위험을 알고 있었다면 유동성 자금에 대해 좀 더 강경한 태도를 보였어야 할지도 모른다. 사실 그린스펀이 연방 준비 위원회의 수장으로 있는 동안 이자율은 지나치게 낮아졌다.

연방 공개 시장 위원회의 1996년 의사록에 따르면 그린스펀은 시장에 거품이 존재한다는 것을 인지하고 있었다고 한다. 그는 주식 매입에 더 높은 증거금률을 부과하면 거품을 억제할 수 있을 것이라는 견해를 밝히기도 했으나, 실제로는 아무 조치도 취하지 않았다.

훗날 연설에서 그린스펀은 통화 정책은 주식이나 주택과 같은 특정한 자산 형태를 대상으로 해서는 안 된다고 주장했다. 더 나아가서 주택은 안전한 투자 대상이며 전후(戰後)의 연간 평균 주택 가격을 자료로 제시하며 주택 가격은 결코 떨어지지 않을 것이라 주장했다. 그린스펀은 파생상품과 관련된 리스크에 대한 질문도 여러 번 받았다. 이에 대해 파생상품은 금융 시장의 리스크를 관리하는 데 매우 유용하다고 강조하며 파생상품에 새로운 규제를 시작하면 자본 시장에 악영향을 미칠 것이라 주장했다.

2005년 4월의 한 연설에서 그린스펀은 "예전에는 대출 희망자가 충분한 신용을 쌓지 못한 경우 단순히 신용 대출을 거부당했지만, 오늘날의 대출업자들은 개별 대출 후보자의 리스크를 효과적으로 판단하고 이를 적절히 가격에 반영할 수 있게 되었다. 이러한 발전은 서브프라임 대출의 급격한 증가라는 결과를 가져왔다"라고 역설했다.

2007년에 금융 시장이 어려움을 겪고 있다는 사실이 분명해졌음에도 그린스펀은 일부 분야의 미세한 거품에 지나지 않는다고 주장했다. 그러나 나중에는 미세한 거품이 쌓여 거대한 거품이 형성되었다는 사실을 인정했다.

그린스펀은 대부분의 미국 대형 은행 등 금융 서비스 업계를 규제하는 책임을 맡고 있었다. 그러나 규제 철폐의 신봉자였기 때문에 업계의 리스크를 낮추기 위한 특단의 조치를 전혀 취하지 않았다. 이에 미 하원 금융 서비스 위원회의 의장인 바니 프랭크(Barney Frank) 하원의원은 중앙 은행에 "(힘을) 사용하지 않는다면 결국 잃게 될 것이다"라고 경고하기도 했다.

또한 금융 시장이 어려움에 빠질 때마다 정부가 구조 조치에 나서 유동성 자금을 투입하고 구제 프로그램을 추진했다. 25년간 정부가 금융 시장의 뒤를 든든히 받치다 보니 도덕적 해이 현상이 나타났다. 개인이나 기관은 리스크가 크더라도 어차피 정부가 보호해 주리라 생각하게 되었다. 따라서 점점 더 큰 위험을 무릅쓰게 되었고 신용 확장은 걷잡을 수 없이 퍼져 나갔다.

빠른 속도로 신용 대출이 확대되면서 소비자 지출도 급격히 증가했다. 신용카드를 사용하면 낮은 이자율로 갖고 싶은 물건은 무엇이든 살 수 있었다. 소비자들이 경제의 주요 원동력으로 대두되었다. 소비자들의 끝없는 구매욕의 일부는 수입품으로 충당했다. 할인 매장에서는 거의 모든 제품이 'Made in China' 상표를 달게 되었다. 한 때 전체 직업의 50%를 차지하던 미국 제조업 인력은 오늘날 10%를 약간 넘는 수준으로 줄어들었다. 제조업이 차지하는 비율이 10% 이하로 떨어지는 것도 시간문제다.

또한 미국 시장에서 판매할 공산품을 제조하기 위해서는 많은 양의 원자재가 필요했다. 중국은 호주에서 남아메리카에 이르기까지 전 세계를 돌아다니며 철광석, 보크사이트, 원유 등을 사들였다. 원유가는 배럴 당 30달러에서 147.50달러까지 치솟았다. 미국 소비자들의 막대한 소비는 전 세계적인 소모품 가격 상승을 부채질했다.

미국 경제는 수입 비용을 충당하기 위해 1년 내내 매일 20억 달러 이상을 외국 투자자들에게 대출하고 있는 셈이었다. 단기 부채는 GDP 대비 2.5%에서 6.3%로 늘어났다.

경제학자들은 이렇게 부채 비율이 높으면 결국 이자율이 올라가고 투자가 위축되며 달러화 가치가 떨어져 인플레를 부추길 것이라고 경고했다. 놀랍게도 부시 정권은 이러한 경고에 거의 주의를 기울이지 않았다. 전 세계적인 불균형은 계속 쌓여가기만 했다. 이러한 사상누각과도 같은 상태는 언젠가 무너져 내릴 것이 분명했다.

금융 시장의 탐욕도 활황–불황 주기를 형성하는 데 중요한 역할을 했다. 월 가에서 일하는 사람들의 수입은 더 이상 금전적인 의미로 받아들여지지 않게 되었다. 오히려 실적에 대한 성적표에 가까웠다. 누구나 이전 해보다 수백만 달러를 더 벌어야 했다. 월 가의 모든 금융 전문가들은 옆집에 사는 경쟁자보다 더 많은 돈을 벌기 위해 필사적으로 노력했다. 그들의 목표는 개인용 비행기, 호화 요트를 소유하고 좀 더 으리으리한 저택에서 사는 것이었다.

덴버에 있는 한 통신 회사는 CEO의 고용 계약에 '플로리다에 사는 CEO의 어머니가 1년에 두 번 아들을 방문할 수 있도록 1등석 비행기표를 제공한다'는 조항까지 포함시켰다. 대규모 미국 기업 최고 임원진들의 성과급은 2007년 평균 근로자 연봉의 275배에 달했다. 유럽의 45배에 비하면 엄청나게 높은 수준이다.

증권화도 경기 침체를 야기한 또 하나의 원흉이다. 월 가는 신용 카드, 자동차 대출, 차입 대출, 그리고 심지어 서브프라임 대출에 이르기까지 무엇이든 닥치는 대로 주식을 발행했다. 지역 은행에서 주택 대출을 할 때에는 개별 대출 여러 건을 하나로 묶어서 주택 대출에 대해 저당 대출 담보부 증권(Mortgage-backed Securities)을 발행했다. 월 가는 이 저당 대출 담보부 증권을 노르웨이에서 위스콘신에 이르기까지 선량한 투자자들에게 판매했다. 지역 은행 관계자는 주택 대출에서 나온 자금뿐만 아니라 상당한 수수료까지 챙겼다. 이러한 과정이 반복되면서 많은 사람들이 큰 돈을 벌었다.

주식화된 채권의 시장 가격을 결정할 체계적인 시장이 없는 경우가 많다. 월 가의 투자 은행 관계자들은 거래를 시뮬레이션하는 수학 모델을 만들었다. 은행 관계자들은 이러한 모델에서 '채권의 가격은 상승할 것이며 주식화된 채권을 소유한 사람들은 큰 이익을 거둘 수 있을 것'이라는 결론을 도출해냈다. 그러나 이러한 수익은 실제 시장이 아니라 수학적인 모델에서 도출한 환상일 뿐이었다.

비교적 최근에는 '파생상품'이라고 불리는 더욱 복잡한 금융 상품이 개발되었다. 이 상품에 대해 제대로 이해하는 사람은 많지 않았다. 물론 이러한 상품의 리스크를 판단할 만큼 역사가 길지도 않았다.

파생상품에는 금리, 주식, 신용의 세 가지 종류가 있다. 새로운 계약을 통해 원래 채권의 현금 흐름이 변경될 때마다 파생상품이라는 용어를 사용하게 된다. 2002년에 파생상품의 액면가치는 1,060

억 달러였다. 2008년에는 그 가치가 5,310억 달러로 불어났다.

그 중에서도 신용 파생 상품(CDS, Credit Default Swap)이 금융 시장에 가장 많은 문제를 일으켰다. 신용 파생 상품은 매우 유용한 역할을 한다.

어떤 사람이 제너럴 일렉트릭(GE)사의 채권을 구매한 후 그 채권의 신용 위험에 대해 염려한다고 가정해보자. 미국 재부무 채권을 비롯한 모든 채권에는 리스크가 있다. 구매자는 월 가의 은행 관계자에게 전화를 하여 지급불이행의 리스크를 덜기 위해 보험을 구매한다. 이것을 신용 파생 상품(CDS)이라 부른다.

문제는 누구나 신용 파생 상품 시장에 투자를 할 수 있다는 점이다. GE 채권을 가지고 있지 않은 사람도 채권에 대한 신용 파생 상품인 보험을 구입할 수 있다. 같은 맥락에서 특정 채권을 보유하였는지 여부에 관계 없이 누구나 어떤 채권에 대한 보험이든 구매할 수 있게 되어 있다.

CDS 보험의 수요가 높아지면서 월 가의 딜러들은 더 많은 신용 파생 상품 보험을 판매하여 수요를 충족시키기로 결정했다. 그러지 않을 이유가 없었다. 많은 사람들이 CDS 보험을 사고 팔아서 엄청난 돈을 벌고 있었기 때문이다.

CDS의 원래 목적은 좋은 것이었지만 머지않아 투기가 CDS 시장을 잠식해버리고 말았다. 거대한 보험사인 AIG도 CDS 보험 시장에 뛰어들기로 결정했다. AIG는 건실한 보험사였으며 전통적인 보험 사업에서도 상당히 좋은 실적을 올리고 있었다. 그러나 금융 위기 때 CDS 사업에서 많은 돈을 잃었기 때문에 미국 정부가 구제 금융을 제공해야 했다. 오늘날 AIG는 미국 정부가 회사의 85%를 소유하고 있다.

위스콘신 주 케노샤(Kenosha)에 사는 마크 후직(Mark Hujik)의 예를 들어보자. 그는 시카고 북부의 미시건 호 근처에 있는 케노샤 카운티의 교육 위원회 회장직을 맡고 있었다. 그와 위원회 위원들은 케노샤 카운티의 학교 선생님들을 위한 퇴직금 펀드를 관리하고 있었다.

붐의 절정기에 시카고의 한 투자 은행가가 위원회에 정례 방문을 했다. 그 투자 은행가는 마크 후직에게 빨리 많은 돈을 벌 수 있는 방법이 있다고 제안했다. 결국 교육 위원회는 아일랜드에 있는 아일랜드 은행에서 2억 달러를 대출하여 채권으로 20억 달러를 보증하는 복잡한 형태의 CDS인 '합성 CDS'라는 것을 매입했다.

그러나 유감스럽게도 그 채권은 휴지조각이 되고 말았고 CDS에 대한 케노샤 교육 위원회의 투자는 모두 물거품이 되었다. 게다가 교육 위원회는 여전히 아일랜드 은행에 2억 달러를 빚지고 있는 상태다. 마크 후직은 카운티 내에 있는 수많은 교사들의 퇴직 연금을 어찌해야 할지 모르고 있다.

일반적으로 레버리지(Leverage, 차입 자본 이용)는 주요 리스크 관리 도구 중 하나다. 대부분의 국가에서 일반 상업 은행은 정부가 레버리지를 제한함으로써 철저한 규제를 받고 있다. 예를 들어 미국에서는 상업 은행이 약 10 대 1의 비율까지 레버리지를 사용할 수 있다. 즉 매 1달러의 자본에 대해 대출과 증권으로 10달러를 추가할 수 있다는 의미다. 물론 은행은 예금자로부터 예금을 받아 이러한 대출에 자금을 공급해야 한다.

리만 브라더스나 베어스턴스와 같은 월 가 투자 은행의 경우 레버리지가 거의 40 대 1의 비율까지 올라갔다. 이러한 은행들은 일반 예금자들로부터 안정적인 예금을 받는 상업 은행이 아니었기 때문에 대부분 리스크가 큰 대규모 자금원, 즉 다른 기업들로부터 자금을 융통해야 했다.

그러나 신용 경색 현상이 나타나면서 대규모 자금원들이 사라졌다. 베어스턴스나 리만 브라더스 같은 투자 은행들은 자산을 매각할 수가 없었다. 남아 있는 유일한 자금원은 정부였지만 리만 브라더스는 결국 정부 구제 금융을 받지 못해 파산하고 말았다. 한편 베어스턴스는 헐값으로 JP 모건에 매각되었다.

레버리지는 경기가 좋을 때는 매우 큰 이익을 낼 수 있지만 경기가 좋지 않을 때, 특히 자금원이 다각화되어 있지 않은 경우에는 치명적인 결과를 낳을 수 있다.

리만 브라더스가 파산했을 때 자산 규모는 6,000억 달러 이상이었다. 이는 대부분 안정적이지 않은 대규모 자금원으로부터 융통한 자금이었고 또한 그 중 대부분이 부동산에 묶여 있었다. 아무도 리만 브라더스의 부동산 자산을 합리적인 가격에 사려하지 않았다. 레버리지를 적게 이용하고 좀 더 다양한 형태로 자산을 다각화했더라면 리만 브라더스는 오늘날도 영업을 하고 있을지 모른다.

일본의 잃어버린 10년에서 얻은 교훈

1990년대 일본의 잃어버린 10년과 최근의 전 세계적인 금융위기 사이에는 한 가지 공통점이 있다. 바로 주식 시장과 부동산에 형성되었던 거품이 꺼졌다는 점이다. 그러나 큰 차이점도 존재한다. 일본인들이 저축을 지나치게 많이 한 데 비해 미국인들은 소비를 지나치게 많이 했다는 점이다.

일본인들의 근검절약은 역사적으로도 잘 알려져 있다. 제2차 세계대전이 끝나고 일본 정부는 한층 더 저축을 장려했고 관세도 인상했다. 수출은 급격히 늘어났지만 국내 소비는 별 차이가 없었다. 무역 불균형이 개선되고 엔화의 가치가 상승하기 시작했다. 신용도 역시 개선되었고 신용 대출은 보다 쉬워졌다. 일본 기업들은 생산성을 향상시키는 기술에 집중적으로 투자했고 그 결과 일본 상품은 더욱 경쟁력을 갖추게 되었다.

신용 대출이 지나치게 쉬워지면 항상 투기의 위험성이 뒤따른다. 넘치는 자금은 주식과 부동산으로 흘러 들어갔다. 도쿄의 긴자 지역에서는 부동산 가격이 1평방피트 당 14만 달러까지 올라갔다. 황궁터의 추정 가치는 캘리포니아 주 전체를 합친 것보다 높았다. 일본인들은 부동산 가격이 올라가는 것은 불가피하다고 주장했다. 태평양과 높은 산악 지대로 둘러싸인 일본에서 평지는 매우 적기 때문이다.

주택 가격은 하늘 높은 줄 모르고 상승해서 집을 사는 사람들은 100년 만기의 주택 대출을 해야 했다. 많은 근로자들이 집세가 보다 저렴한 곳을 찾아 시 외곽으로 이사해 나가면서 출퇴근 시간이 길어졌다. 따라서 많은 기업들이 직원들에게 출퇴근 교통비를 지원하기 시작했다.

또한 넘치는 자금은 주식 시장의 투기를 부추겼다. 닛케이 지수는 1989년 12월 29일에 3만 8,915.87로 마감되었다. 직장인들부터 주부에 이르기까지 너도나도 주식 시장에 투자를 했다. 한 일본

주부는 인터뷰에서 "주식이 떨어질 때에는 절대 팔지 않습니다. 기다리다 보면 다시 올라갈 테니까요"라고 말하기도 했다.

마침내 일본 은행(The Bank of Japan)은 거품을 우려하여 금리를 인상하기로 결정했고 그 결과 지나치게 쉬운 대출 때문에 형성된 거품이 꺼지기 시작했다.

주식 및 부동산 시장에 미친 거품 붕괴의 영향은 엄청났다. 도쿄 금융가의 부동산 가치는 정점기의 1% 수준으로 떨어졌다. 주택 가격도 85%나 떨어졌다. 주식 시장도 마찬가지로 하락했다. 한 때 3만 8,915.87까지 올랐던 닛케이 지수는 2003년에 7,830으로 바닥을 쳤다.

일본인들은 주식과 부동산에서 20조 달러를 잃었고 이는 경제에 엄청난 타격을 주었다. 일본 소비자들은 원래부터 검소한 편이었지만 이제는 없으면 안될 생필품 외에는 지출을 일체 하지 않았다. 거품 붕괴 이전에 엔화 가치가 상승하면서 제조업체가 해외로 빠져나갔기 때문에 일본 국내의 일자리도 상당히 줄어들어 있었다. 상품 가격이 떨어지는 등 디플레이션의 악순환이 시작되었다. 앞으로 더욱 가격이 떨어질 것이라 생각한 소비자들은 지출을 뒤로 미뤘고 경제는 더욱 침체에 빠져들고 말았다.

금융 업계는 대출 위기에 직면해 있었다. 일본에서는 자본 시장이 크게 발달하지 않았고 일반 은행들이 나라 전체에 필요한 신용 대출을 대부분 제공하고 있었다. 거품이 붕괴되자 이러한 은행들은 부동산과 주식을 담보로 한 부실 대출을 잔뜩 떠안게 되었다.

일본 정부는 언제나처럼 문제점을 인정하지 않았다. 이로써 적절한 대응이 몇 년이나 지연되었고 이는 치명적인 실수였음이 드러났다. 일본 정부 관계자들은 어떤 조치를 취하는 것 자체가 정부의 잘못을 인정하는 셈이라 생각했기 때문에 최대한 문제를 덮어놓고 모른 척 하는 편이 나으리라 여겼다. 일본 정부가 문제의 심각성을 인정할 즈음에는 이미 문제가 너무나 커져 쉽게 해결할 수 없는 상태가 되어버렸다.

정부가 문제점을 인식하고 경기 부양책을 실시하기 전부터 일본 은행은 금리를 낮추기 시작했다. 이로 인해 은행들이 소위 '좀비'라고 불리는 부실 기업에 더 많은 대출을 해주는 역효과가 나타났다. 은행들은 남아도는 현금을 굴리기 위해 필사적이었고 고객으로부터 예금을 받아서 다른 은행에 예치하는 경우도 있었다.

일본 은행은 결국 금리를 0으로 낮추었지만 경제에는 거의 효과가 나타나지 않았다. 자산 가격은 제자리에서 맴돌았고 경제 활동은 전혀 개선될 기미가 보이지 않았다. 사람들은 돈을 쓰기보다는 빚을 줄이는 데 더욱 관심을 두었다.

결국 일본 정부는 사태의 심각성을 인식하고 도로, 다리 등의 인프라 건설에 엄청난 자금을 투입하기 시작했다. 정부의 재정 적자는 눈덩이처럼 불어났다. 여기서 바로 '갈 곳 없는 다리(Bridge to nowhere, 어디로도 연결되지 않는 불필요한 다리라는 뜻으로, 목적이나 효과 없이 단지 예산을 쓰기 위한 사회 간접 자본을 의미-역주)' 라는 말이 생겨났다. 안타깝게도 인프라 구축 사업은 경제를 되살리지 못했다. 정부가 재정 적자폭을 크게 늘렸는데도 가시적인 효과는 거의 나타나지 않았다.

일본 정부는 점차 불어나는 재정 적자에 대해 우려하기 시작했다. 따라서 다양한 정부 사업에 자금을 투입하는 한편, 세금을 인상하여 경제 성장에 박차를 가하고자 했다. 많은 프로젝트의 계약이 정치적인 고려 하에 승인되었다.

공사가 지연되는 경우도 흔했고 완성된 프로젝트는 원래 구상했던 것보다 훨씬 규모가 작았다. 일부 프로젝트의 경우 중앙 정부와 지역 자치 정부로부터 각각 같은 자금을 지원받아야 했다. 그러나 지역 자치 정부는 충분한 자금을 보유하고 있지 않았다. 따라서 중앙 정부에서 받은 돈이 모두 사용되지 않기도 했다. 결국 실제로 사용된 돈은 원래 계획의 일부에 지나지 않았다.

결국 일본의 잃어버린 10년은 1990년대 후반기에 접어들면서 막을 내렸다. 미국 소비자들의 지출이 급격히 증가하고 중국은 플라스틱 장난감부터 선풍기에 이르기까지 수많은 상품을 공급하는 세계의 공장이 되었다. 미국, 중국, 그리고 공급 체인에 포함된 기타 아시아 국가들에 대한 일본의 수출은 꾸준하게 증가했다. 하지만 동시에 일본 국내 소비는 지지부진한 상태로 남아 있었다.

일본의 잃어버린 10년에서 여러 가지 교훈을 얻을 수 있다. 역사적으로 볼 때 신용 거품에 힘입어 오랫동안 경기 팽창이 지속되면 자산 거품이 형성된다. 결국 신용 및 자산 거품은 모두 꺼지게 되고 그 후에는 여러 해 동안 심각한 경기 위축 상태가 지속되기 마련이다.

무엇보다 중요한 것은 문제를 조기에 인식하는 것이다. 일본 정부는 좀처럼 문제를 인정하지 않았기 때문에 사태가 더욱 악화되었다. 결국 문제를 인식하고 행동을 취하기 시작한 다음에도 그 조치는 지극히 소극적이었고 의지가 부족했다. 적극적으로 소매를 걷어붙이고 나서서 과감한 조치로 문제를 해결하기 위해 노력하는 것이 바람직하다.

또한 일본 정부는 경제와 금융의 상호작용도 충분히 이해하지 못했다. 금융은 실물 경제의 산소와도 같다. 금융 체제가 제대로 작동하지 않고서는 경제가 성장할 수 없다. 일본의 은행들은 악성 자산을 가득 떠안고 있었다. 이러한 악성 자산을 처분하려는 노력이 조기에 이루어지지 않았기 때문에 자산 부실화는 더욱 심각해졌으며 은행 업계 전체에 큰 문제를 야기했다. 뒤늦게나마 일본 정부가 자원을 투입하여 은행 업계를 개혁하려는 의지를 보여주자 경제는 긍정적으로 반응하기 시작했다.

양적 완화 vs. 신용 완화

2008년 12월 16일 미국 연방 준비 위원회는 연방 공개 시장 위원회의 정례 회의가 끝난 후 깜짝 놀랄 만한 발표를 했다. 금리를 0에 가까운 수준으로 낮추기로 결정한 것이다. 금리는 당분간 매우 낮은 수준으로 유지될 것임을 시사했다.

또한 연방 준비 위원회는 주택 대출과 기타 소비자 대출을 담보로 한 엄청난 양의 사적 증권(Private securities)를 매입할 계획을 발표했다. 중앙 은행이 소위 '양적 완화'라는 방법을 통해 장기간의 경기 침체와 디플레이션 가능성에 선제 공격을 가한 셈이다.

불황 경제학 전문가인 버냉키 위원장은 이후(2009년) 인터뷰에서 중앙 은행이 과감한 조치를 취하지 않으면 두 번째 대공황이 찾아올 수도 있다는 우려를 표시하기도 했다.

통화량을 늘리겠다는 결정을 내리기 전 연방 준비 위원회는 일본의 잃어버린 10년에 대한 연구를 실시했다. 당시 일본 중앙 은행은 거의 10년간이나 디플레이션에 맞서 싸웠다. 1991년부터 2002년 사이 일본의 경제 성장률은 고작 연간 1%에 지나지 않았다. 물가 상승률은 1992년과 2003년 사이에 약 −1.0%였다. 상품과 서비스 가격이 모두 떨어졌지만 서비스 가격의 하락률은 상품보다 다소 완만했다. 교통과 통신 부문은 규제가 완화되어 가격이 하락했다.

디플레이션이 끝날 즈음인 2002년에 잠재적 경제 생산과 실제 경제 생산 사이의 차이는 약 10%였는데, 이는 불황의 정의에 부합하는 수치다. 앞장에서 설명한 바와 같이 주식과 부동산 거품은 결국 붕괴로 이어졌다.

부동산과 주식을 담보로 하여 돈을 대출해주었던 금융 기관들은 막대한 양의 부실채권(Non-Performing Loans, NPLs)을 떠안게 되었다. 은행은 대출을 멈추었고 경제의 신용 흐름도 멈추었다.

이러한 환경에서 일본 은행은 굳은 의지를 가지고 적극적인 조치를 취하기로 결정을 내렸다. 일본 중앙 은행은 양적 완화 프로그램(Quantitative Easing Program, QEP)이라는 모델을 도입했다.

이 양적 완화 프로그램은 세 단계로 구성된다. 우선 콜 금리를 0으로 설정하여 은행들이 0%의 금리로 서로 돈을 빌릴 수 있도록 했다. 장기 금리는 신용 위험과 만기에 따라 약간 더 높은 수준에서 거래되었다. 일본 은행은 JGB(일본 정부 채권) 금리를 0.001%로 끌어내렸다.

양적 완화의 두 번째 단계에서는 중앙 은행이 '물가상승률이 일정한 비율로 올라갈 때까지 금리를 0으로 동결하겠다'고 발표했다. 금리가 오랫동안 0%로 유지될 것이라고 시장 관계자들을 설득해야만 사람들이 물가 상승에 대비하여 돈을 사용하게 된다. 즉 금리의 급격한 하락이 일시적인 조치가 아니라는 기대심리가 형성되어야 한다.

1999년 4월, 일본 은행은 디플레이션 우려가 사라질 때까지 0%의 금리를 유지하겠다고 발표했다. 이 0% 금리는 경제가 1999년 3분기부터 2000년 3분기까지 3.3% 성장하자 2000년 8월에 폐지되었다.

양적 완화 프로그램의 세 번째 단계는 중앙 은행이 시장에서 매입하는 일본 정부 채권의 양을 결정하는 것이다. 예를 들어 일본 은행은 매년마다 시장에서 매입할 장기 부채의 양을 발표했다. 유동성 자금이 투입되면서 장기 대출 금리가 낮아졌다.

세 단계로 구성된 양적 완화 프로그램은 적어도 세 가지 측면에서 일본 경제에 긍정적인 영향을 미쳤다. 우선 디플레이션에 대한 기대를 낮추었다. 디플레이션에 대한 기대 심리가 있으면 앞으로 가격이 더 떨어지리라 생각하기 때문에 소비자들은 지출을 미루게 되며, 이는 경제 발전과 고용 시장에 악영향을 미친다. 인플레이션에 대한 기대 심리가 있으면 나중에 가격이 더 오르기 전에 지금 지출을 하려는 경향이 나타난다.

장기 부채의 매입은 적어도 몇 가지 측면에서 일본 경제에 도움을 주었다. 장기 대출 금리를 낮추면 단기 대출 금리를 낮추는 것보다 경기 부양 효과가 훨씬 크다. 예를 들어 장기 대출 금리 인하는 단기 대출 금리 인하보다 자본 지출을 촉진할 가능성이 크다.

또한 양적 완화 프로그램은 통화 공급을 늘려 엔화의 가치를 낮추는 효과를 가져왔다. 통화 가치가 낮아지면 수출이 늘어나고 수입이 줄어들게 되므로 자국 내 노동력과 상품의 수요가 커진다.

중앙 은행이 가지고 있는 중요한 장점은 국공채 및 사적 증권을 매입하여 무제한의 돈을 유통시킬 수 있다는 점이다. 또한 이러한 조치를 취할 때 의회 승인과 같은 복잡한 절차를 거칠 필요도 없다. 어떠한 증권을 매입할지, 또는 대출 시 무엇을 담보로 받을지를 결정하는 것도 비교적 자유롭다. 심지어 이를 '문고리 정책'이라고 부르기도 한다. 중앙 은행이 원하기만 한다면 침실의 문고리를 담보로 대출을 해줄 수도 있기 때문이다.

중앙 은행이 추진하는 통화 정책의 단점이라면 과다한 유동성 공급이 반드시 소비로 이어지는 것은 아니라는 점이다. 그렇게 때문에 세금 인하, 정부 지출 및 대출 보증 등의 재정 정책이 양적 완화 프로그램과 병행 추진되어야 한다. 물론 일본 정부는 이러한 조치를 취했다.

그렇다면 일본 은행은 양적 완화 프로그램으로 원하는 결과를 얻었는가?

이 프로그램의 두 가지 목적은 유동성을 늘리고 금융 시장의 중개 기능을 개선하는 것이었다. 양적 완화 프로그램이 도입된 후 금융 시장의 리스크 프리미엄은 하락했고 시장은 다소 안정되었다. 우량 기업에 대한 대출은 정상적으로 처리되었다.

그러나 대부분의 부실 기업을 대상으로 한 신용 대출은 개선되지 않았다. 대부분의 은행들은 한정된 자본을 보유하고 있었기 때문에 이러한 부실 기업에 대출해주기를 꺼렸고 신용 경색 현상은 계속되었다. 결국 정부는 중소 기업의 대출을 보증하여 신용 흐름을 개선하기로 결정했다.

양적 완화에 대해서는 세 가지 사실을 살펴볼 수 있다. 우선 자산 거품이 가장 큰 원흉이었다. 거품이 꺼져 사람들의 재산이 증발하면서 경제에 디플레이션 효과를 가져왔다. 두 번째로 순 자산 가치가 줄어들면서 금리 인하의 긍정적인 효과가 빛이 바랬다. 소비 증가라는 목표를 달성하지 못했던 것이다. 세 번째로 양적 완화만으로는 소비를 장려하기 어려우므로 정부 지출, 세금 감면, 대출 보증과 같은 재정 정책을 병행 추진해야 했다.

미국에는 버냉키 연방 준비 위원회 위원장이 '신용 완화'라고 이름 붙인 이와 유사한 프로그램이 있다. 이 두 프로그램 사이의 중대한 차이점은 중앙 은행이 유동성 자금을 투입하는 방법이다.

일본 은행은 일본 정부 채권을 매입하였기 때문에 일반 은행에는 과도한 지급 준비금이 쌓였다. 이 과도한 지급 준비금으로 무엇을 할지는 전적으로 일반 은행에게 맡겼다. 따라서 자금이 은행에 쌓여 있을 뿐, 경제에 아무런 도움이 되지 않는 경우가 많았다.

반면 연방 준비 위원회는 자금을 유통시키기 위해 보다 적극적으로 노력했다. 우선 정부 채권뿐만 아니라 사적 증권도 매입하기 시작했다. 신용 시장은 얼어붙어 있었고 대출자들은 대출을 꺼렸다. 중앙 은행이 주택 담보 대출 증권과 같은 사적 증권을 매입하여 일종의 시장과 같은 역할을 하게 되자 주택 담보 대출의 금리가 낮아졌다.

실제로 주택 담보 대출 금리는 최근(2009년 중순) 사상 최저 수준으로 떨어졌다. 주택 담보 대출 증권을 연방 준비 위원회에 매각한 사람들은 이제 다른 증권을 구매할 수 있는 유동성 자금을 보유하게 되었다. 평소라면 월 가의 브로커들이 시장을 형성하지만 지금은 버냉키 의장이 그 역할을 대신하고 있다.

훗날 연방 준비 위원회는 다양한 사적 증권뿐만 아니라 장기 정부 채권도 매입하기로 결정했다. 미국에서는 많은 대출 금리가 재무부 채권 수익률 변화에 연동되어 있다. 예를 들어 건물을 매입하기 위한 5년 만기 대출의 금리는 5년 만기 재무부 채권 금리에 1%(혹은 적당한 마진율) 정도의 마진을 붙여서 결정한다. 중앙 은행이 정부 채권을 매입하여 재무부 채권 금리를 내리자 이와 연동되어 있는 수많은 기본 대출 금리가 함께 하락했다.

혹자는 '중앙 은행이 사적 증권을 매입하는 것은 민간 부문의 신용 분배를 왜곡하는 행위'라고 생각한다. 이러한 프로그램은 몇몇 부문에만 특혜를 주고, 다른 부문에는 피해를 준다는 논리이다. 통화 정책을 시장 모든 부문에 공평하게 적용하기 위해 중앙 은행은 사적 증권이 아닌 재무부 채권만을 매입해야 한다고 주장하는 사람들도 있다.

그러나 버냉키 위원장은 이러한 우려를 일축한다. 그는 금리가 시장에 따라 다르기는 하지만 모든 사람에게 돌아갈 만큼 충분한 유동성 자금이 있다고 믿는다.

사적 증권을 매입하기 위해 도입한 새로운 프로그램 중 하나가 TALF라고 불리는 기간 자산 담보부 증권 대출(Term Asset-backed securities Loan Facility)이다. 이 프로그램은 소비자 대출 시장에 자금을 회전시켜 소비자를 돕기 위해 만들어졌다. 목적은 증권화를 장려하고 소비자 관련 대출을 보다 많은 사람들에게 확대하는 것이다(125 페이지 참고).

일본 은행의 양적 완화 프로그램은 앞에서 설명한 여러 가지 이유 때문에 원래 계획대로 성공을 거두지 못했다. 연방 준비 위원회의 신용 완화 프로그램이 그보다 큰 성공을 거둘지는 앞으로 지켜보아야 할 것이다. 다만 여러 징후들을 살펴보면 미국 경제가 상당히 긍정적으로 반응하고 있음은 알 수 있다.

금융위기를 극복한
한국의 경험에서 얻는 교훈

한국의 이명박 대통령은 〈월 스트리트 저널〉에 기고한 사설에서 1997~1998년의 아시아 금융위기 당시에 한국이 금융위기에 어떻게 대처했으며 그 이후 어떻게 금융 문제를 다루어 왔는지 설명했다.

당시 한국은 만기 연장을 할 수 없는 외채, 특히 단기 외채가 지나치게 많았다. 한국의 재벌들은 레버리지가 심한 상태였고 빚을 상환할 능력이 없었다. 그리고 중앙 은행에는 외환 보유고가 지나치게 적었다. 그래서 여러 가지 조건이 붙은 엄청난 규모의 자금을

IMF에서 빌려야 했다. 그런 와중에 한국의 대형 은행 중 2개가 외국 투자자들에게 매각되었다.

이명박 대통령은 이 글에서 1990년대 후반 한국이 금융위기에 대처하기 위해 실시한 여섯 가지 주요 조치를 나열했다.

우선 점진적인 접근 방식이 아닌 과감하고 소신 있는 조치가 필요하다. 1997년과 2002년 사이에 정부는 GDP의 32.4%인 1,270억 달러를 투입하여 부실 자산을 매입하고 경영에 어려움을 겪는 은행들의 자본 구성을 재편했다.

두 번째로 한국의 외환 위기 경험으로 볼 때 '부실 은행'과 '자본이 재편된 은행'은 서로 상반되는 의미가 아니다. 한국 정부는 은행의 악성 재산을 인수하기 위해 한국 자산 관리 공사(Korean Asset Management Corporation, KAMCO)를 세웠다. 결국 KAMCO는 당시 투자액의 상당 부분을 회수할 수 있었다.

세 번째로 자본 재편 조치는 정부의 지원을 받으면 재정 상태가 회복될 가능성이 높은 주요 은행에만 한정적으로 실시해야 한다.

네 번째로 정부는 어떻게 손을 뗄 것인지에 대한 분명한 계획이 있어야 한다. 국유화는 부실 은행을 살리고 다시 민간 부문에 매각하기 위한 일시적인 도구로 활용되어야 한다.

다섯 번째로 민간 부문이 악성 자산을 제거하고 결국 매각하는 데 일익을 담당해야 한다.

여섯 번째로 오늘날의 금융위기를 해결하기 위해서는 전 세계적인 접근 방식이 필요하다. 모든 형태의 금융 보호주의는 철저히 배제해야 한다.

그러나 1990년대 후반의 아시아 금융위기와 2008년 세계 금융위기의 상황 사이에는 큰 차이점이 있다.

가장 중요한 차이점은 문제의 범위다. 2008년 세계 금융위기는 한정된 지역이 아닌 전 세계에 걸쳐 나타났다. 1990년대에는 아시아 이외의 지역 경제에 문제가 없었으며 빠르게 성장하고 있었다. 따라서 다른 지역 국가들이 어려움에 처한 아시아 국가들에게 도움의 손길을 내밀어 경제 회복을 촉진할 수 있었던 것이다. 그러나 오늘날에는 국제 금융 시스템이 마치 거미줄처럼 얽혀 있다. 뉴욕이나 런던에서 문제가 발생하면 눈 깜짝할 사이에 전 세계로 퍼진다.

당시와 비교할 때 또 한 가지의 큰 차이라면 복잡한 금융 파생 상품이 개발된 것이다. 이러한 파생 상품은 세계 금융 기관을 하나로 연결하고 있다. 따라서 양쪽 계약 당사자 간의 권리를 절충하기가 매우 어렵고 복잡하다.

한국은 국유화된 은행을 다시 민간의 손으로 되돌려놓는 것이 얼마나 힘든지 경험하고 있다. 한국 최대의 금융 기관인 우리 파이낸셜(Woori Financial)은 아직도 정부 소유로 남아 있다 그 외에도 한국 정부는 많은 다른 금융 기관에 상당한 지분을 보유하고 있다. 금융 부문에서 정부의 역할은 매우 크다.

　분명히 한국은 아시아 금융위기를 상당히 잘 넘겼고 더욱 강하게 성장했다. 한국은 매우 우량한 은행들을 다수 보유하고 있음에도 불구하고, 금융 시스템을 개선하기 위해 오랜 노력을 경주해 왔다.

　다른 국가들은 한국의 경험에서 교훈을 얻어야 한다. 금융위기 시절에 겪은 고통과 고난은 한국의 금융 시스템을 더욱 튼튼하게 만들어 국제 금융 시장에서 경쟁력을 높일 수 있는 밑바탕이 되었다.

Part 03

위기대처법과
출구전략의
방향

디플레이션 위험은 끝났는가?

오바마 대통령은 디플레이션의 위험을 언급하며 7,870억 달러라는 엄청난 규모의 경기 부양 법안을 통과시켜 2백만 명 이상의 국민들에게 일자리를 찾아주고 경제 활동을 촉진시켜야 한다고 역설했다.

최근(2009년 9월 현재) 다소 상승 기미를 보이고 있기는 하지만 전반적으로 기름값을 포함한 소모품 가격은 급격히 하락했다. 미국 주택 가격은 2006년 정점에서 20%나 하락했고 집값이 안정화될 즈음에는 30% 하락에 가까워질 수도 있다.

그러나 물가가 정점에 올랐다가 다소 떨어진 것은 디플레이션이 아니다. 경제에서 디플레이션이란 일반 물가 수준이 꾸준하게 하락하는 것을 뜻한다. 디플레이션은 일반 수요나 공급에 어떤 충격이 가해질 때 발생한다. 식당 음식 가격부터 항공료까지 모든 물가가 점차 떨어진다. 소비자와 기업 모두 향후에 가격이 더욱 떨어질 것을 예상하여 구매를 미루게 된다.

또한 디플레이션은 디스인플레이션과 구별해야 한다. 디스인플레이션은 인플레이션의 속도가 느려지는 것인 반면, 디플레이션은 인플레이션의 반대 개념, 즉 물가 수준 자체가 떨어지는 것을 의미한다.

디플레이션에서 가장 위험한 점은 앞으로 가격이 더 낮아질 것이라는 기대 심리이다. 인플레이션 기대 심리를 측정하는 데에는 몇 가지 방법이 있다.

미시간대학교의 소비자 신뢰도 조사(University of Michigan Confidence survey) 설문 중 하나는 인플레이션 기대 심리와 연관된 것이다. 설문에 참가한 사람에게 앞으로 몇 년 간 물가가 어떻게 변할 것으로 예상하는지 질문을 한다.

인플레이션 기대 심리를 측정하는 또 하나의 방법은 물가 지수 연동 채권(Treasury Inflation Protection Securities, TIPS)이다. TIPS의 시장 금리는 실제 금리 또는 인플레이션 요소를 배제한 금리를 나타낸다. 이 TIPS 금리를 보면 향후 몇 년간의 인플레이션 기대 심리가 매우 낮다는 것을 알 수 있다. TIPS는 외국 투자자들, 특히 미국의 인플레이션을 우려하는 중국 투자자들 사이에서 큰 인기를 모으고 있다.

즉 이미 사람들의 마음에 디플레이션 기대 심리가 굳게 자리를 잡고 있음이 분명하다. 주택부터 청바지에 이르기까지 모든 상품의 가격이 떨어지는 것을 보면서 사람들은 가격이 더욱 내려가기를 기다린다. 이러한 디플레이션 기대 심리는 가격이 떨어질수록 더욱 커진다. 앞으로 주택 가격이 더욱 떨어질 거라고 생각하면서 지금 부동산을 구입하려는 사람들은 거의 없을 것이다. 시장에 집을 사려는 구매자가 적어지면 구매자들을 끌어 모으기 위해 집값을 더욱 낮출 수밖에 없다.

주택부터 청바지에 이르기까지 모든 상품에 대한 수요가 떨어지면 생산도 줄여야 한다. 신규 주택 건설이 줄어들면서 목수와 같은 관련 노동력의 수요도 줄어들게 된다. 청바지의 수요가 줄어들자 일거리가 없어진 중국의 생산 공장은 근로자들을 정리해고하게 된다. 실업률이 올라가면서 점점 더 많은 사람들이 구매력을 잃는다.

이렇게 되면 물가 하락, 생산량 하락, 실업률 증가, 구매력 하락의 악순환에 빠지기가 쉽다. 가격, 판매, 수익, 성장률 하락의 악순환은 반복될수록 더욱 가속화되고 되돌리기 어렵게 된다. 미국의 대공황 시절에도 바로 이러한 악순환이 일어났던 것이다.

대출금에 대한 디플레이션 효과는 더욱 심각하다. 대부분의 사람들은 집을 사고 자녀들의 대학 등록금을 마련하고 헌 차를 새 차로 바꾸기 위해 대출을 한다. 그러나 디플레이션이 일어나면 수입이 줄어드는 반면 대출금에 대한 월별 상환금은 변하지 않는다. 예전과 마찬가지로 정기적으로 매달마다 대출금을 상환해야 하는 것이다. 이렇게 되면 실제적인 대출 부담 또는 물가 상승 요소를 배제한 대출 부담은 더욱 무거워지는 한편 구매력은 떨어진다. 이는 마치 대출자들에게 세금이 부여되는 것과 다를 바 없다.

이와 같은 이유로 대공황이나 일본의 잃어버린 10년 동안 많은 주택 소유자들이 파산하고 말았다. 대공황 시절에는 디플레이션율이 10%를 넘었고 실물 금리는 1930년에 15%로 뛰어올랐다. 대출자들의 실질적인 대출 부담은 감당할 수 없게 커졌다. 대출자들의 현금 흐름 대비 순 이자 상환 비율은 1929년의 80%에서 1930년에는 200%로 증가했다.

소비자와 기업 모두 하루빨리 빚을 갚으려고 안간힘을 썼다. 동시에 현금 가치는 올라가고 사람들은 돈을 쌓아놓기 시작했다.

디플레이션 상황에서 신용에 대한 수요는 늘어나는 것이 아니라 오히려 줄어든다. 너도나도 신용 대출을 꺼리게 된다. 일반적으로 신용카드를 사용하여 구매하는 고가품의 판매도 줄어든다. 개인 신용 수요가 줄어들면서 정부가 대출 제공자들의 마지막 보루 역할을

하게 된다. 정부는 대출과 지출을 늘려서 위축되는 경제에 활력을
불어넣어야 한다.

물론 모든 디플레이션이 나쁜 것은 아니다. 경미한 디플레이션은
경제와 주식 시장에 좋은 영향을 미칠 수도 있다. 1932년부터
1937년까지의 디플레이션 주기 동안 다우존스 평균 지수는 평균
45~192씩 상승했으며 사상 최고의 호황을 누렸다.

원인은 여러 가지가 있다. 우선 기술 혁신으로 생산성이 향상되
면 디플레이션이 발생할 수 있다. 컴퓨터, 칩, 휴대전화 등의 가격
은 기술 발달에 따라 점점 내려가고 있는 추세이다. 제1차 세계대
전 종전 이후 주택 건설 기술 혁신 덕분에 오랫동안 주택 가격이 상
당히 떨어지기도 했다.

20세기에는 디플레이션이 여러 번 발생했다. 1900년 이후 선진
국 경제가 디플레이션 상태에 빠진 것은 전체 기간의 13%나 된다.
대부분의 디플레이션은 1920년대와 1930년대에 집중되어 있으며,
이 시기 동안 몇 번의 심각한 경기 위축과 대공황을 겪었다.

20세기에 철도 재벌들이 경쟁자를 몰아내기 위해 가격 전쟁을 펼
친 결과, 시장에는 한두 개의 기업밖에 남지 않게 되었다. 존 D. 록펠
러는 이와 같은 전략을 사용하여 정유업계를 독점했고 결국 스탠다
드 오일의 시장 독점은 반 독점법이 통과되고 나서야 막을 내렸다.

좀 더 최근을 살펴보면, 1990년대에 발생한 일본의 '잃어버린 10년'이 유일한 대규모 디플레이션이라 할 수 있다.

역사적으로 볼 때 디플레이션의 전조는 무엇일까?

디플레이션의 가장 중요한 원인은 경제 정책 실패이다. 디플레이션이 발생하면 실질 금리(물가 상승률을 반영한 후의 금리)가 일반적으로 매우 높아진다. 1990년대 일본에서는 중앙 은행이 금리를 0으로 인하했음에도 불구하고 물가는 더욱 빨리 떨어졌다. 또한 실질 금리는 사실상 올라가서 경제에 타격을 미쳤다.

일본의 경우 또 하나의 문제점은 엔화 강세였다. 오랫동안 높은 실질 금리가 유지되자 엔화의 가치가 상승했고 이는 일본 경제의 원동력인 수출에 큰 타격을 주었다.

일단 디플레이션에 돌입한 것이 분명해지자 일본의 정책 입안자들은 인플레이션을 촉진하기 위한 방안을 강구했다. 일본 은행은 금융 부문에 엄청난 양의 유동성 자금을 공급하고 결국 금리도 0으로 인하했지만 통화 정책은 크게 실효를 거두지 못하는 듯 했다. 자유롭게 흐르지 못하고 금고에 쌓여 있는 자금은 경기 부양에 아무런 도움이 되지 못했다.

일본은 경제를 되살리고 디플레이션에서 탈출하기 위해 재정 정책을 추진했으나 결국 엄청난 재정 적자만 쌓이고 말았다. 일본 정부의 이러한 여러 조치에도 불구하고 불황은 거의 10년에 걸쳐 계속되었다. 자산 가격의 누적 하락폭은 최고가의 85%에 달했으며 주식 시장은 80% 이상의 가치를 잃었다.

일본의 이러한 경험은 디플레이션을 어떻게 피할 것인지, 그리고 디플레이션 상태에서 어떻게 탈출할 것인지에 대해 우리에게 많은 교훈을 준다.

디플레이션이 가시화되면 정부는 경기 부양을 위해 가능한 모든 조치를 취하는 것이 매우 중요하다. 사실 미국 경제의 디플레이션 가능성은 그다지 크지 않다. 하늘 높은 줄 모르고 치솟던 소모품 가격은 정상적인 수준으로 내려왔고 이제(2009년 중반) 조금씩 다시 오르기 시작했다. 이는 디플레이션이 아니다. 가격 동향이 잠시 궤도를 이탈해 있었을 뿐, 장기적인 안목으로 보았을 때 정상 수준으로 돌아가고 있다.

급락했던 원유가도 향후 상승 곡선을 그릴 것이다. 에너지 분야에는 수요와 공급 사이에 큰 불균형이 존재한다. 아시아, 특히 중국은 앞으로 주요 에너지 소비국이 될 것이다. 이러한 소모품 시장은 항상 작은 변화에도 극단적으로 반응하는 경향이 있다.

또한 미국 경제의 중심은 서비스 산업이다. 보건에서 금융 서비스에 이르는 서비스 산업은 미국 GDP의 80% 이상을 차지한다. 경기 위축 시 서비스 가격은 크게 상승하지는 않지만 실제로 떨어지지도 않는다. 서비스가 아닌 상품 가격만 떨어지는 경우에는 전체적인 물가 수준이 떨어졌다고 보기 어렵다.

디플레이션의 발생 가능성을 낮게 보는 가장 중요한 이유는 바로 통화 정책이다. 밀턴 프리드먼 교수는 "인플레이션은 통화 현상이다"라는 말을 한 바 있다. 일반적으로 통화 공급이 두 배로 늘어나면 상품 가격도 두 배로 늘어나야 한다. 즉 인플레이션이 발생하기 위해서는 우선 통화 공급이 증가해야 한다.

그러나 이것만으로는 충분하지 않다. 기존 통화도 빠른 속도로 활발히 유통되어야 한다. 위기 당시 통화 공급은 늘어났지만 경제학자들이 '속도(Velocity)'라고 부르는 통화의 회전율은 크게 떨어져 있었다.

이에 대해 연방 준비 위원회는 추가적인 자금을 투입하여 경제 활동에서 통화의 유통 속도가 느려져 발생하는 부정적인 영향을 상쇄하였다. 연방 준비 위원회는 금리를 0에 가깝게 인하하였고 중앙 정부는 공개 시장에서 채권을 매입하고 자금을 대출해주었다. 이러한 조치는 통화 공급량을 늘리는 동시에 자금의 유통 속도를 빠르게 하기 위한 것이었다.

버냉키 위원장은 디플레이션의 가능성을 낮추기 위해 뛰어난 지도력을 발휘해왔다. 심지어 '헬리콥터 벤'이라는 별명까지 얻었다. 학자로서 버냉키 위원장의 전공 분야는 불황 경제학이었다. 그는 한 연설에서 중앙 은행이 디플레이션을 막기 위해 "돈을 가득 실은 헬리콥터를 띄워 하늘에서 돈을 뿌릴 수도 있다"는 발언을 한 바 있다.

버냉키 위원장은 1983년에 쓴 한 사설에서 금융 기관들이 예금자들에게서 받은 돈을 대출자에게 빌려주는 '중간 매개 역할'을 제대로 하지 못한 것이 디플레이션의 주요 원인이라 지적한 바 있다. 금융 시장을 잇는 연결망이 꽉 막혀 있었기 때문에 연방 준비 위원회가 직접 중개 역할을 맡아 사적 증권을 매입하기로 결정한 것이다.

헬리콥터 벤은 디플레이션을 막기 위해 모든 조치를 취하고 있다. 그러나 디플레이션 문제를 풀어낼 열쇠는 앞에서 설명한 바와 같이 사람들의 '기대 심리'다. 디플레이션에 대한 기대 심리가 강해지고 일단 마음 속에 각인되고 나면 점차 사실처럼 믿어버리게 되는 것이다.

이것이 바로 디플레이션에서 벗어나는 데에 그토록 오랜 시간이 걸리는 이유 중 하나다. 대공황 당시에는 디플레이션에서 탈출하는 데 10년 이상 걸렸다. 1990년대의 일본 역시 디플레이션의 함정에서 빠져 나오기까지 거의 10년이라는 세월을 소비했다.

그렇다면 상황이 좀 더 좋아진 지금(2009년 중반), 전 세계적인 디플레이션 위기가 사라졌을까?

결코 그렇지 않다. 세계 경제의 상당 부분을 차지하고 있는 중국, 유로화 지역, 그리고 일본은 여전히 디플레이션을 겪고 있다. 상당한 규모의 생산 격차(Output gap, 잠재적인 경제 생산과 실질 경제 생산의 차이)가 존재하고 금융 시장이 제 기능을 하지 못하는 한, 세계적인 디플레이션의 위험은 작게나마 분명히 도사리고 있다. 따라서 각국 정부의 정책은 우선 이러한 디플레이션 위험을 제거하는 데 초점을 맞추어야 할 것이다.

미국의 재정 적자가
경제와 인플레이션에 미치는 영향

미국 의회가 지난 2년간 GDP의 5.7%에 해당하는 7,870억 달러 규모의 경기 부양책을 승인함에 따라 미국의 재정 적자는 눈덩이처럼 불어나고 있다. 대공황 시대의 최대 경기 부양책 조차 GDP의 1.5% 수준을 넘지 않았다.

2007년의 통계 수치를 기준으로 할 때, 7,870억 달러는 미국, 일본, 독일, 중국, 영국, 프랑스, 이탈리아, 스페인, 캐나다, 브라질, 러시아, 인도 이렇게 12개 국가를 제외한 다른 어떤 국가의 GDP 보다도 큰 수치이다.

미 정부는 이 경기 부양책을 추진하는 데 있어서 세 가지 목표를 세우고 있다. 우선 첫 번째로 경제를 다시 활성화시키고 300만 개 이상의 일자리를 창출하는 것이다. 두 번째는 경기 위축으로 타격을 받은 사람들을 돕는 것이다. 세 번째는 미국 경제의 생산성을 높이기 위한 장기적인 투자를 하는 것이다.

백악관에서는 향후 2년간 350만 개의 새로운 일자리를 보전하거나 창출할 수 있으리라 믿고 있다. 국회 예산 위원회는 2010년 말까지 1.1%~3.3%의 경제 성장을 이룰 수 있을 것이라 전망한다. 성장률 예측 폭이 넓은 것은 일반적인 예상 오차에 추가로 앞에서 설명한 여러 가지 불확실성을 반영했기 때문이다.

경기 부양책의 긍정적인 효과는 경제가 바닥을 치고 본격적 회복세를 보이기 시작할 무렵인 2009년 말이나 2010년에 가장 크게 나타날 것이다. 하지만 직접적인 경기 부양 효과는 2009년 초반부터 느껴지기 시작했다. 앞으로 노동력과 자본을 포함한 유휴 자원은 다시 생산 현장에 투입될 것이다. 경기 부양책으로 소비자와 기업은 경제에 대해 좀 더 희망적인 생각을 가지게 되고 다시 소비를 늘릴 것이다.

특히 인프라 구축과 관련된 기업들이 가장 큰 수혜자가 된다. 위스콘신 주에 있는 오시코시(Oshkosh) 사는 건설 공중 작업대, 시멘트 혼합기, 불자동차 등의 특수 차량을 만드는 회사다. 2008년 4분기 동안 이 회사의 수익은 2007년 동분기 수익 3,700만 달러에 비해 2,100만 달러가 줄어 들었다. 그러나 경기 부양책에 힘입어 앞으로는 더욱 많은 설비를 판매할 수 있으리라 기대하고 있다.

세계 최대 건설 설비 제조업체인 캐터필라(Caterpillar) 사는 이번 경기 위축을 겪으면서 2만 2,000여 명을 해고했다. 하지만 경기 부양 프로그램으로 해고된 근로자들 중 일부를 다시 고용할 수 있기를 희망하고 있다.

또한 경기 부양책이 경제에 미치는 장기적인 혜택도 있다. 도로, 다리, 고속도로, 인터넷망 등이 개선되면서 생산성도 늘어나 미국 경제는 보다 효율성과 경쟁력을 갖추게 될 것이다. 교육비 세금 감면과 등록금 및 교재 지원, 학교 시설 현대화는 장기적으로 경제에 매우 긍정적인 영향을 미칠 것이다.

그러나 부정적인 측면도 있다. '구축 효과(정부 지출을 증가시키면 이자율이 상승하여 민간투자가 감소되는 현상-역주)'는 장기적으로 경제 성장에 악영향을 미칠 것이다. 수조 달러에 달하는 정부 부채가 쌓이면 민간 부문의 자원 확보는 위축될 수밖에 없다.

정부가 1달러를 지출할 때마다 민간 부문 투자는 1/3달러 줄어들 것으로 예상된다. 나머지 2/3달러는 저축 증가와 해외 자본 유입으로 충당된다. 1/3달러에 해당하는 민간 부문 투자 감소는 장기적으로 잠재적인 경제 성장을 둔화시키게 될 것이다. 그러나 단기적으로는 유휴 및 잉여 자원 때문에 구축 효과가 문제로 대두되지는 않을 것으로 보인다.

2009 회계연도의 연방 재정 적자는 약 1조 6,000억 달러에 달할 것이다. 다음 회계연도에는 적자 규모가 더욱 커질 수도 있다. 따라서 천문학적인 규모의 재정 적자에 수반되는 인플레이션에 대한 걱정도 커지고 있다. 해외에서 미국 재무부 채권을 가장 많이 보유한 중국은 향후 발생할 가능성이 있는 인플레이션에서 포트폴리오를 보호하기 위해 물가 지수 연동 채권(Treasury Inflation Protection Securities, TIPS)을 선호하고 있다. 주요 외환 기축통화인 달러를 대체할 투자 수단을 찾기 위해 적극적으로 노력하고 있는 것이다.

또 한 가지 걱정은 엄청난 재정 적자와 통화 확장 정책의 결과로 나타나는 장기적이면서도 잠재적인 인플레이션이다.

역사적으로 살펴볼 때 대규모 재정 적자가 반드시 인플레이션으로 이어지는 것은 아니었다. 제2차 세계대전 당시 미국 정부의 GDP 대비 정부 부채는 무려 120%까지 올라갔으며 영국 정부는 200%에 달했다. 그러나 이후 지속적으로 경제 성장이 이루어지면서 문제를 점진적으로 해결할 수 있었다. 또 일본은 OECD 국가 중 GDP 대비 정부 부채 비율이 가장 높은 나라다. 그러나 일본 경제는 인플레이션은커녕 아직 디플레이션 경향조차 떨쳐버리지 못했고 정부 채권 수익률(JGB)은 사상 최저에 가까운 실정이다.

미국의 재정 적자를 충당하기 위한 자금 조달은 가까운 시일 내에는 그다지 문제가 되지 않을 것이다. 우선 향후 수년간 더딘 경제 회복이 예상됨에 따라 신용에 대한 수요는 크지 않을 전망이다. 또한 미국 소비자들과 기업들이 저축을 늘리게 될 것이므로 재무부가 사용할 수 있는 자금의 양도 늘어날 것이다. 게다가 중국을 비롯한 외국 투자자들도 미국 시장에 투자하고 있는 엄청난 자금의 다른 투자처를 찾지 못한 상태이다.

미국의 GDP 대비 재정 적자 비율(1969~2019)

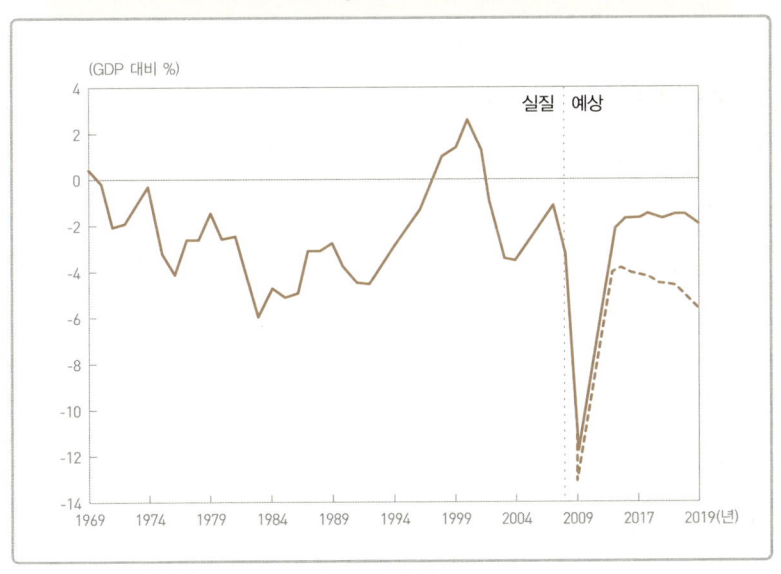

출처: 미국 의회 예산처 (Congressional Budget Office)
*2009년 이후 실선은 미국 의회 예산처의 기본 추정치, 점선은 미국 의회 예산처의 대통령 예산 추정치

미국의 GDP 대비 세입·세출 비율

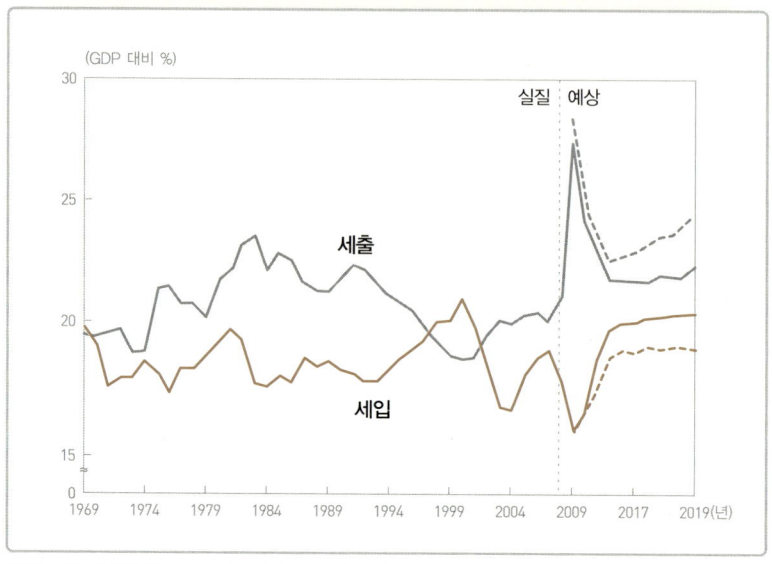

출처: 의회 예산처 (Congressional Budget Office)
*2009년 이후 실선은 미국 의회 예산처의 기본 추정치, 점선은 미국 의회 예산처의 대통령 예산 추정치

앞장에서 언급한 바와 같이 세계 경제에서 큰 비중을 차지하고 있는 국가들이 디플레이션을 겪고 있으며 이러한 상황은 조만간 바뀔 가능성이 크지 않다. 잉여 공장 시설과 노동력의 양도 상당하므로 대규모 미국 재정 적자에도 불구하고 인플레이션에 대한 압력은 크지 않을 것이다.

연방 준비 위원회와 출구전략

미국의 중앙 은행에 해당하는 연방 준비 위원회는 금융 시장을 안정화하고 개인과 기업에 신용을 공급하기 위해 창의적이고 혁신적인 노력을 펼쳐 왔다. 거의 평생을 대학 교수로 지냈던 버냉키 위원장은 현재 미국이 직면하고 있는 어려움을 해결하는 데 매우 적합한 인물이다. 버냉키 위원장은 금융 공황과 불황 경제학에 대해 수많은 논문을 발표한 바 있다.

세계적인 금융위기가 고조되자 연방 준비 위원회는 금리를 인하하면서 신속하게 대응했다. 연방 기금 기준 금리는 2007년 5.25%에서 2008년 초에 2%로 인하되었다. 리만 브라더스의 도산 이후 금융 불안이 확산되자 버냉키 위원장과 다른 위원들은 금리를 0%에 가깝게 인하하는 유례없는 조치를 취했다. 또한 당분간은 금리가 낮은 상태로 유지될 것이라고 발표하여 금리가 상당 기간 동안 낮게 유지되거나 더 하락할 가능성도 있다는 강력한 메시지를 전 세계에 전달했다.

연방 준비 위원회가 조치를 취한 결과 시장 금리는 급격하게 떨어졌고 신용 스프레드도 축소됐다. 그러나 엄청난 유동성 자금을 투입했음에도 불구하고 자금은 원활히 유통되지 않았다. 신용의 수도관이 막힌 셈이다. 연방 준비 위원회는 제 기능을 못하는 신용 시장을 우회할 추가 조치를 취해야 했다.

첫 번째로 취한 조치는 우량 금융 기관이 중앙 정부로부터 직접 대출을 할 수 있도록 한 것이다.

전통적으로 은행들은 좋지 않은 이미지가 생기기 때문에 할인 금리로 대출 받기를 꺼려한다. 연방 준비 위원회는 최대 90일까지의 단기 유동성 자금 대출에 입찰 시스템을 도입했다. 어떤 금융 기관도 저렴한 금리로 단기 자금을 융통하기 위해 입찰에 참여할 수 있다. 물론 아직까지는 이 창구를 통한 대출이 크게 활성화되지 않았지만, 이 시스템은 상당히 좋은 반응을 얻고 있다.

두 번째로 연방 준비 위원회는 자금을 직접 대출자들에게 빌려주기로 결정하고 GE나 씨티 그룹과 같은 기업에게서 상업 어음을 매입하기 시작했다.

많은 기업들이 상업 어음을 발행하여 단기 자금을 융통하며, 대출로는 장기 자금을 마련한다. 그러나 상업 어음 시장이 마비되자 기업들이 상업 어음의 상환을 연장할 수가 없게 되었다. 연방 준비 위원회는 최후의 보루였다. 결국 상업 어음 시장은 안정화되고 정상적인 기능을 하게 되었다.

이러한 조치는 시장에 분명한 메시지를 보내고 있다. 그건 바로 단기 신용 시장의 유동성 자금이 말라붙는 경우에도 기업들은 어처구니 없이 낮은 가격으로 자산을 매각할 필요가 없다는 것이다.

연방 준비 위원회는 또한 장기 어음도 매입하기 시작했다. 얼어붙은 소비자 대출, 신용카드, 학자금 대출 등을 포함한 소비자 신용 시장을 활성화하기 위해 재무부와 협력하여 TALF 프로그램을 시작했다. 주택 담보 대출 어음도 매입하기 시작함에 따라 주택 대출 금리는 사상 최저 수준으로 떨어졌다.

세 번째로 미국 재무부 장기 채권을 최대 3,000억 달러까지 매입하겠다고 발표했다.

연방 준비 위원회는 이미 주택 대출 시장의 자금 흐름을 늘리기 위해 패니 메이(Fanne Mae)와 프레디 맥(Freddie Mac)과 같은 중개 기관의 채권을 매입한 바 있다. 이렇게 하자 주택 대출 어음 매입량이 증가하여 규모가 1조 2,500억 달러에 달하게 되었다. 이 조치로 장기 신용 시장의 금리가 낮아졌을 뿐만 아니라 시장의 신용 흐름 자체가 개선되었다.

해외에서는 런던에서 서울에 이르기까지 금융 기관들이 상호 대출을 꺼리게 되어 달러화 부족 현상이 나타났었다. 금융위기는 전 세계적인 것이었기 때문에 연방 준비 위원회는 한국 은행을 비롯한 14개의 외국 중앙 은행과 스왑 계약을 체결했다.

버냉키 위원장은 이러한 연방 준비 위원회의 조치가 2001년부터 2006년까지 일본 은행이 추진했던 양적 완화 프로그램과는 분명한 차이가 있다고 주장한다. 당시 일본 은행의 주요 목표는 일반 은행의 잉여 지급 준비금을 늘리는 것이었다. 지급 준비금이 많아지면 은행들이 대출을 늘릴 것이라는 희망에서였다. 그러나 은행 대출은 증가하지 않았다.

연방 준비 위원회가 추진한 프로그램은 '양적 완화'가 아닌 '신용 완화'다. 신용 완화 프로그램에서 연방 준비 위원회는 금융 시장의 특정한 부문에 영향을 주기 위해 상업 어음과 주택 대출 등 매입하는 자산의 종류에 더욱 초점을 맞추었다. 연방 준비 위원회의 대차대조표 규모가 커지고 일반 은행의 지급 준비금이 늘어난 것은 기업과 가정을 돕기 위해 추진된 자산 매입에 따른 결과였을 뿐이다.

양적 완화에서는 일반 은행이 얼마나 많은 잉여 지급 준비금을 보유해야 하는지를 중앙 은행이 결정한다. 그러나 신용 완화에서는 중앙 은행에서 얼마나 많은 돈을 대출할 것인지를 일반 은행이 결정한다. 그러므로 연방 준비 위원회 대차대조표의 규모는 시장 조건에 따라 결정된다.

물론 연방 준비 위원회의 신용 완화 프로그램에 대한 우려의 시선도 있다. 그 중 하나는 지나치게 많은 돈이 유통되면서 인플레이션이 일어날 가능성이 있다는 시각이다. 경제는 회복 기미를 보이고 있다. 미국 경제는 2009년 중반에 바닥을 쳤다. 지나친 유동성 자금과 경제 회복 효과가 합쳐지면 앞으로 인플레이션이 촉발될 수도 있다. 그렇다면 이러한 우려를 불식시키기 위해 연방 준비 위원회는 어떠한 조치를 취할 수 있을까?

비록 현 시점에서 인플레이션의 위험은 크지 않지만, 버냉키 위원장을 필두로 한 연방 준비 위원회는 인플레이션 위험에 대처할 만반의 준비를 갖추고 있다.

그러나 소방관들의 첫 번째 생존 수칙은 '탈출구를 파악하라' 이다. 연방 공개 시장 위원회(FOMC)에서 이미 출구전략에 대한 충분한 논의가 이루어졌을 가능성이 크다. 연방 준비 위원회가 적절한 시기에 경제의 지나친 유동성 자금을 처리하기 위해 사용할 수 있는 방법에는 세 가지가 있다.

첫 번째 방법은 연방 금리를 조절하는 것이다. 연방 준비 위원회는 공개 시장 조작(Open Market Operation)을 통해 직접 금리를 인상할 수도 있고, 연방 기금의 금리를 올려 잉여 준비금의 금리를 올리는 형태를 취할 수도 있다. 역사적으로 중앙 은행은 실업률이 최대치를 기록하고 난 한참 후가 아니면 금리를 인상하지 않았다. 1970년대를 되돌아보면 연방 준비 위원회는 실업률이 천장을 친 후 거의 1년이나 기다린 다음 금리를 인상했다. 실업률은 2010년 상반기 무렵이나 되어야 최대치를 기록할 것으로 보이므로 연방 기금의 금리가 조만간 인상될 확률은 크지 않다.

두 번째 방법은 금융 및 비금융 기관에 긴급 유동성 자금 대출을 해주는 것이다. 이러한 방법은 기본적으로 단기적인 조치이며 경제와 금융 시장이 안정화되고 발전하면 각 기관들이 자체적으로 유동성 자금을 조달할 수 있게 된다. 이미 대출을 받은 기관의 수는 크게 줄어들었다. 금융 기관들은 영업이 안정되고 수익을 내기 시작함에 따라 대출을 갚을 수 있었다. 또한 상황이 호전되자 자금을 마련하기 위해 주식과 채권을 발행할 수도 있게 되었다.

세 번째 방법은 재무부 채권 및 주택 저당 증권을 포함한 자산을 매입하는 것이다. 연방 준비 위원회는 주택 담보 대출 금리를 낮추는 데 큰 성공을 거두어왔다. 경제 상황이 상당히 취약하기 때문에 중앙 은행은 장기 금리를 낮은 상태로 유지하고자 한다.

현재 인플레이션은 가장 큰 우려 사항이 아니다. 만약 향후에 인플레이션이 문제가 된다면, 그 때가서 연방 준비 위원회가 조치를 취해도 늦지 않을 것이다.

금리를 인상하여 금융위기 때 도입된 새로운 프로그램 일부를 폐지하고, 재무부가 보다 많은 단기 채권을 판매하도록 해 은행 시스템 내에 쌓인 과도한 지급 준비금을 줄일 수 있다. 일단 이 상태에 도달하게 된다면 신용 완화가 성공적으로 추진되었다는 증거나 다름 없다. 만약 성공을 거두지 못한다면 다시 불황에 가까운 경기 위축이 발생할 것이다.

버냉키 의장의 연임

위기는 승자와 패자를 낳는다. 버냉키 위원장의 임기는 2010년 1월 31일까지다. 이미 오바마 대통령은 버냉키 위원장을 향후 4년간 연임시키기로 결정했다. 미국 의회에서 청문회를 통해 비준을 받아야 하지만 이것은 형식적인 일일 것이다.

최근 〈월 스트리트 저널(*Wall Street Journal*)〉에서는 필자를 포함한 자체 고문 경제학자들에게 버냉키 의장의 연임에 대한 의견을 물은 바 있다. 이 때 대다수의 경제학자들이 연임을 지지했다.

그렇다면 왜 경제학자들은 버냉키 위원장의 연임을 지지하는가?

버냉키 위원장은 새롭고 때로는 혁신적인 아이디어로 경제 위기를 헤쳐나가고 있다. 그리고 금융 시장에도 다소 안정을 가져오는 데 성공했다. 버냉키 위원장이 도입한 새로운 정책이 없었다면 전 세계 금융 시장은 지금보다 훨씬 심각한 상황에 직면했을 것이다.

그렇다면 버냉키 위원장이 통화 정책에 도입한 새롭고 혁신적인 아이디어는 어떤 것들인가?

전통적으로 중앙 은행은 금리를 사용하여 통화 정책을 추진해 왔다. 미국에서는 은행의 지급 준비금을 줄이거나 늘려서 연방 기금 금리(다른 나라에서는 콜금리)를 인상하거나 인하했다. 그러나 금융 위기 상황을 고려할 때 이러한 전통적인 정책 도구로는 어려움을 헤쳐나가기 어렵다는 것이 분명했다.

더욱 구체적으로 설명하면 경제의 유동성에는 문제가 없었다. 금융 시장에는 유동성 자금이 넘쳐 흐르고 있었다. 그러나 금융 시스템에 대한 신뢰가 깨진 상태에서 돈이 원활하게 흐르지 않았다. 금융 기관들은 개인과 기업에 대한 대출을 꺼렸다. 사람들은 신용 대출을 할 수 없어 집, 자동차, 가구 등을 사는 데 어려움을 겪었다. 주택 담보 대출 신청의 상당 비율이 거부당했다. 금융 기관들은 은행 간 대출금의 만기를 연장해주지 않았다.

버냉키 위원장의 목표 중 하나는 자금의 회전을 촉진하고 대출 비용을 절감하여 더욱 많은 사람들이 신용 대출을 이용할 수 있도록 하는 것이다. 더욱 많은 사람들이 저렴한 금리로 신용 대출을 할 수 있게 되면 소비와 경제 활동도 활발지기 마련이기 때문이다.

1934년에 연방 준비 위원회 제도가 만들어진 이후, 미 중앙 은행 처음에는 할인 창구를 통해, 그리고 나중에는 공개 시장 운영을 통해 단기 재무부 채권을 매입하는 형태로 일반 은행에 단기 유동성 자금을 제공해 왔다. 사소한 수정을 제외하면 이러한 운영법 (Modus Operandi)은 2008년 세계 금융위기가 닥치기 전까지 75년 간 변함없이 계속되어 왔다.

버냉키 위원장은 불황 경제학의 전문가로서 '현재의 금융위기는 단순히 '우량' 금융 기관에 단기 유동성 자금을 제공하는 것 이상의 조치가 필요하다' 는 것을 분명하게 인식했다. 신용이 원활하게 흐르지 못해 마치 동맥경화와 같은 상태가 되어 있었으며 자금은 돈을 쓰고자 하는 대출자들에게 돌아가지 않았다.

따라서 동맥경화에 걸린 경제에 심장 우회 시술과 비슷한 조치를 취하기로 결정했다. 연방 준비 위원회가 은행 시스템을 거치지 않고 기업들에게 직접 대출을 해주기로 한 것이다. 이에 대해 연방 준비 위원회는 14개국의 중앙 은행들과 협조하여 통화 스왑 계약을 체결했다.

연방 준비 위원회는 상대국의 통화와 교환하는 조건으로 임시로 외국의 중앙 은행에게 달러화를 제공한 것이다. 외국 중앙 은행들은 다시 이렇게 받은 달러화를 자국 내 은행들에게 빌려주었다. 이러한 조치로 달러화 부족 사태에 다소 숨통이 트였다. 한 때 5%를 상회했던 런던의 은행 간 대출 금리, 즉 LIBOR(London Inter-Bank Offered Rate)는 다시 평소 수준으로 돌아왔다.

상업 및 소비자 대출 금리가 LIBOR에 연동되어 있기 때문에 LIBOR가 낮아지자 많은 대출자들에게 혜택이 돌아갔다. 연방 준비 위원회는 머니 마켓 뮤추얼 펀드에 백업 신용 라인을 제공하여 업계의 우려를 덜었다.

연방 준비 위원회는 보험업계의 큰손인 AIG와 제 기능을 잃은 투자 은행인 베어스턴스에 큰 투자를 했다. 담보를 기반으로 한 대출은 약 1,000억 달러에 달한다. 이외에도 연방 준비 위원회가 전통적인 방식인 일반 은행 채널을 통하지 않고 기업에 직접 돈을 대출해 준 사례는 많다.

버냉키 위원장은 한 걸음 더 나아가서 중장기 자산도 매입하기 시작했다. 주택 담보 대출, 자동차, 신용카드, 학자금 대출, 소기업청(Small Business Administration) 보증 대출 등의 신용 대출 시장이 얼어붙어 있다는 사실을 인식하고 이러한 분야와 관련된 증권을 매입하기 시작했다. 이를 기간 자산 담보부 증권 대출(Term Asset-backed securities Loan Facility), 즉 TALF라고 부른다.

예를 들어 연방 준비 위원회가 엄청난 규모의 주택 담보 대출 증권을 매입하면 주택 담보 대출 금리가 거의 사상 최저 수준으로 떨어지는 효과가 나타났다. TALF는 그 외에도 상업이나 사설 주택 담보 대출 같은 다른 우량 자산 담보 증권 매입으로 확대되었다. 소비자와 기업 모두가 더욱 용이하게 신용 대출을 할 수 있는 환경을 만들어 준 셈이다.

전반적으로 버냉키 위원장의 새롭고 혁신적인 정책 아이디어는 금융 시장에서 큰 환영을 받았고 금융 시장의 분위기를 상당히 완화시키는 데 성공했다.

앞에서 지적한 바와 같이 LIBOR는 대폭 하락하고 유럽에서 아시아에 이르기까지 국제 은행들의 달러화 확보가 수월해졌다. 상업 어음 시장의 유동성도 개선되어 기업들은 한 번에 고작 며칠이 아닌, 꽤 장기간 자금을 빌릴 수 있게 되었다. 빠져나가는 돈이 더 많았던 머니 마켓 뮤추얼 펀드에는 다시 들어오는 돈이 더 많아졌다. 패니 메이와 프레디 맥이 발행한 무담보 회사채를 상당량 매입한 덕분에 주택 담보 대출 금리도 크게 떨어졌다.

향후에는 인플레이션이 문제로 대두될 수 있다. 그러나 인플레이션은 현재 주춤한 상태이며 가까운 장래에 인플레이션이 발생할 가능성은 별로 없다. 일단 경제가 회복세에 들어서면 그 때 연방 준비 위원회가 인플레이션을 다스릴 조치를 취하면 된다. 고(故) 밀턴 프리드먼 교수는 "오늘 통화 공급을 늘리면 인플레이션의 결과는 2년 뒤에나 나타날 것이다"라고 말했다.

어떻게 은행이 대출을
재개하도록 만들 것인가

신용은 경제의 산소와도 같다. 신용 시장이 제대로 기능을 하지 못하면 몸에 산소가 부족한 상태가 되므로 경제 성장도 불가능하다. 그러나 경제 및 금융 환경이 개선되고 있음에도 불구하고 전 세계적인 신용 경색 현상은 사라지지 않고 있다.

은행 시스템은 경제의 심장과도 같다. 많은 나라에서 은행 시스템은 예금을 받아 대출을 해주는 주요 매개체 역할을 하고 있다. 자본 시장이 그다지 발달하지 않은 개발도상국의 경우, 대부분의 중소기업이 신용 대출을 할 수 있는 곳은 자국 내 은행뿐이다. 은행이 대출을 꺼리게 되면 중소기업은 살아남을 수 없다.

은행 시스템이 제대로 작동하지 않을 경우 경제에 미치는 영향은 매우 심각하며 때로는 재앙과도 같은 결과를 가져올 수 있다. 1994~1995년 사이에 발생한 멕시코 금융위기는 멕시코 경제를 혼란으로 빠뜨렸으며 수백만 개의 일자리가 사라졌다. 1997~1998년의 아시아 금융위기는 한국부터 인도네시아에 이르기까지 여러 나라가 타격을 받았다는 점에서 훨씬 심각했다. 경제는 크게 위축되었고 통화 가치는 폭락했으며 빈곤층이 급증했다.

그렇다면 중앙 은행에서 유동성 자금이 풍부하게 흘러나오는데도 왜 은행들은 대출을 꺼리는가? 필자가 은행 CEO로 근무할 때, 대출 담당자들에게 다음과 같은 이야기를 자주 했다.

"한 은행이 100달러의 대출을 한다고 가정하자. 이 100달러의 대출 한 건이 잘못되면 100달러짜리 우량 대출을 약 70건 유치해야 부실 대출한 건에서 발생한 손실을 겨우 메울 수 있다."

금융위기와 같은 경제 상황에서는 부실 대출이 발생할 가능성이 매우 높기 때문에 은행들은 매우 신중한 자세를 취하는 것이다.

부실 대출은 은행의 수입과 자본금에 타격을 준다. 자본금이 줄어들면 은행은 대출을 자제하여 대차대조표의 규모를 줄여야 한다. 일반적으로 자본 1달러는 약 10~15달러의 대출을 지원할 수 있다고 한다.

하지만 도산한 리만 브라더스의 경우 자본 1달러 당 40달러 이상의 대출이 발생하고 있었다. 경제가 어려울 때에는 더 많은 자본금을 확보하기도 어려울 뿐더러, 자산을 매각하기도 쉽지 않다. 금융 기관에게 이러한 디레버리지(Deleverage, 차입을 줄이고 주식을 매각함으로써 경영 상태를 호전시키는 것-역주) 과정은 매우 고통스럽다.

경제가 어려우면 은행의 대출 심사 기준이 까다로워질 뿐만 아니라 소비자의 신용도 하락한다. 판매, 수익, 현금 흐름 상황이 안 좋아지면 고객은 은행과의 대출 계약을 제대로 지키지 못하게 된다. 이렇게 대출의 건전성이 떨어지면서 은행은 더욱 고객에게 추가적인 자금 대출을 꺼리게 된다. 결국 고객 입장에서는 산소와 같은 자금줄이 끊기게 되고, 악몽과 같은 상황에 빠지게 된다.

그렇다면 이러한 경제 상황에서 어떻게 은행의 대출을 장려할 수 있을까?

우선 은행의 자본금을 늘리는 것이 가장 첫 번째 순서가 될 것이다. 자본이 늘어나면 대출도 늘어나게 된다. 미국 정부는 9개 대형 은행이 2,500억 달러의 정부 지원을 받아 기간 자본을 늘리도록 조치를 취했다.

하지만 단순히 자본이 늘어난다고 해서 자동으로 은행의 대출이 늘어나는 것은 아니다. 그러므로 두 번째로 정부는 은행의 대차대

조표에 포함된 자산에도 조치를 취해야 한다. 부실 대출을 대차대
조표에서 제거하는 작업이다. 정부가 직접 부실 대출을 매입할 수
도 있지만 미 재무부에 따르면 이는 쉽지 않다고 한다. 특히 어떤
자산을 매입할지 결정하는 일과 부실 자산의 올바른 시장 가치를
파악하는 일이 매우 까다롭다.

따라서 정부 입장에서 더 좋은 접근 방식은 부실 자산을 정해진
기간 동안 보증해주는 것이다. 이렇게 하면 은행들은 정부가 보증
해주는 기간 동안 더욱 적극적으로 자산을 매각하려 할 것이다. 부
실 자산을 매입하는 쪽에서도 정부의 지원을 받게 된다. 매입자는
주택 담보 대출과 같은 부실 자산을 매입할 경우 50%(또는 일정 비
율)의 세금 감면을 받는다. 이렇게 하면 정부의 지원을 받는 민간
부문을 활용하여 수익을 내지 못하는 자산을 은행 대차대조표에서
제거할 수 있다.

부실 자산을 처분하거나 지급 준비금을 마련하게 되면 금융 기관
측에도 많은 이득이 생긴다. 우선 해당 은행에 대한 투자자 신뢰도
가 높아진다. 1987년에 씨티 은행은 개발 도상국에 투자한 자금 중
수익을 내지 못하는 대출을 모두 공개하고 지급 준비금을 마련했
다. 이후 4개월 간 투자자들은 씨티 은행의 주식 가격을 30% 높이
며 이러한 조치에 보답했다. 투자자들은 비록 당분간은 수익이 낮
더라도 투명한 대차대조표를 선호한다는 사실이 분명히 드러난 것
이다.

예금자들은 부실 자산이 많은 은행에 돈을 예치하기를 꺼린다. 부실 자산이 많으면 예금의 대량 인출 사태가 일어나고 결국 은행의 도산으로 이어진다. 워싱턴 뮤추얼(Washington Mutual) 은행과 와초비아(Wachovia) 은행은 모두 대량의 부실 부동산 대출을 포함한 수천억 달러 규모의 부실 자산을 안고 있었기에 예금 인출 사태가 일어났고 결국 다른 금융 기관에 매각되었다. 예금자들은 재무구조가 건전하고 투명한 은행을 선호하며 그러한 은행에 꾸준히 예금을 하게 된다.

은행 대출을 장려하는 세 번째 단계는 정부 보증으로 앞으로의 부실 대출 위험을 줄이는 것이다.

미국에서는 정부 기관인 소기업청이 지정한 은행에서 배서한 대출의 75%까지는 정부가 보증한다. 은행이 신용 분석이라는 본래의 임무를 다하도록 하기 위해 나머지 25%는 은행의 신용 리스크로 남겨 둔다. 이러한 제도는 중소기업을 지원하기 위해 만들어진 것이지만 이 모델은 부동산 담보 대출을 포함한 어떠한 기업을 지원하는 데에도 사용할 수 있다.

미국의 은행들은 점차 적극적으로 이러한 종류의 정부 보증 대출을 활용하기 시작했다. 정부 보증 대출이 상당히 안전하고 수익성도 좋기 때문이다. 대출의 정부 보증 비율은 50~90% 사이에서 결정된다. 정부 보증이라 할지라도 대출을 실시하고 관련 서비스를 제공하는 것은 금융 기관이므로 은행 측에서도 반드시 위험 부담을 지는 것이 중요하다.

이러한 3단계 조치를 추진하면 은행이 다시 활발하게 대출 서비스를 제공하도록 장려하게 되고, 나아가 경제를 되살리는 데 상당한 도움이 될 것이다.

부실 은행을
어떻게 국유화할 것인가

미국 최대 은행 중 하나인 노던 트러스트(Northern Trust)는 2009년 초 PGA 골프 대회를 후원한 일로 거센 비난을 받았다. 씨티 은행은 5,000만 달러 규모의 회사 전용 비행기 주문을 취소한 것으로 알려졌다. 웰스파고(Wells Fargo) 은행은 라스베이거스에서 열릴 예정이던 주택대출 담당자들을 위한 연례 직원 행사를 취소해야 했다. 한 은행 간부는 너무나 분노한 나머지 정부의 개입은 어리석은 짓이라며 맹렬하게 비판했다.

미국 정부는 납세자들의 돈을 보호할 권리가 있다고 믿는다. 사실 미 정부는 419개 은행에 2,000억 달러에 달하는 자금을 투입했으며 4,200억 달러에 달하는 부실 자산에 대해 보증을 섰고 금융기관이 발행한 어음을 포함하여 약 1조 달러에 달하는 기업어음을 매입했다. 한 예산안 문서에 따르면 오바마 대통령은 금융 시스템에 투입된 정부 자금 중 고작 66%밖에 회수하지 못할 것으로 예상하고 있다. 이렇게 되면 은행 구제를 위해 의회에 추가적으로 7,500억 달러를 요청할 가능성이 있는 것이다.

국유화는 새로운 개념이 아니다. FDIC(Federal Deposit Insurance Corporation, 연방예금보험공사—역주)는 정기적으로 어려움에 처한 은행을 인수하여 재무 상태가 건전한 은행에 매각해왔다. 영국의 경우 정부가 스코틀랜드 왕립은행(RBS)과 로이드(Lloyds)라는 두 개의 대형 은행을 소유하고 있다. 한국도 1990년대의 아시아 금융위기(IMF)를 겪으면서 정부가 여러 은행을 인수했고 아직도 그 중 일부를 운영하고 있다.

그러나 국유화라고 해서 반드시 정부가 금융 기관을 100% 소유하는 것은 아니다. 실질적으로 국유화란 정부가 특정 은행의 지분을 상당량 매입한 후, 재무 상태를 개선한 다음, 전체 또는 일부를 되파는 것을 의미한다.

미 금융권에서는 국유화가 어떤 결과로 나타날지 알 수 없기 때문에 국유화라는 말 자체를 두려워하고 있다. 2008년 9월 15일 리만 브라더스가 파산한 후 많은 시간이 지났지만 미국 정부는 분명한 목표 없이 한 위기에서 다음 위기로 표류하고 있을 뿐이다.

국유화에는 장단점이 있다. 우선 긍정적인 측면으로는 정부가 '부실 은행'을 떠맡는 형태로 악성 자산에 대해 보험 시스템의 보증을 통해 부실 자산을 처분할 수 있다는 점이다. 이렇게 하면 은행은 자사의 핵심 사업에 중요하지 않은 일부 자산을 매각하여 구조조정을 실시할 수 있다. 은행의 재무구조가 건전해짐에 따라 예금자가 보호되고 대출이 다시 시작될 수 있다.

씨티 은행이 그 좋은 예이다. 수십 년간, 씨티 은행은 전 세계에서 미국 금융기관을 대표해왔다. 씨티 은행은 우수한 직원과 최첨단 상품, 서비스, 기술을 자랑했다. 1970년대에 젊은 은행원이었던 필자는 씨티 은행의 전신인 뉴욕 퍼스트 내셔널 씨티 은행(The First National City Bank of New York)의 본사를 방문했던 일을 기억하고 있다. 상사와 나는 당시 CEO였던 월터 뤼스턴(Walter Wriston) 씨를 만났는데, 우리는 금융에서부터 정치까지 망라하는 뤼스턴 씨의 해박한 지식에 깊은 인상을 받았다. 뉴욕 은행이 그토록 훌륭한 금융 기관이 될 수 있었던 데에는 그와 같이 유능한 CEO의 역할도 있었음이 분명했다.

그랬던 씨티 은행이 이젠 미국 정부의 도움이 필요한 처지가 되었다. 씨티 은행은 이미 부실 자산에 대한 수백 억 달러 규모의 보증뿐만 아니라 정부에서 추가로 450억 달러의 금융 지원을 받았다. 씨티 은행은 '대마불사(大馬不死)'의 전형적인 예라고 할 수 있다. 미 정부는 현재 씨티 은행 지분의 36%를 소유하고 있으며 앞으로도 정부의 추가적인 자금 투입이 필요할지도 모른다.

씨티 은행을 지원하는 데 있어서 미국 정부는 분명한 목표와 비전 그리고 마무리 전략을 가지고 임해야 할 것이다. 목표는 씨티 은행의 몸집을 다소 줄이되, 보다 견실하고 경제에 활력을 불어넣을 수 있는 기관으로 육성하는 것이다. 다행히 씨티 은행은 아직 우수한 직원, 상품, 서비스, 기술을 두루 보유하고 있으므로 언젠가 다시 한 번 글로벌 금융 리더가 될 수 있을 것이다. 그러나 은행 핵심 업무에 중요하지 않은 상당수의 자산은 반드시 처분해야 한다.

국유화의 부정적인 측면으로는 기존 주주들의 금융자산 가치가 크게 폭락할 수도 있다는 점이다. 예를 들어 패니 메이(Fannie Mae)와 프레디 맥(Freddie Mac)의 주주들은 투자액의 상당 부분을 잃었다. 따라서 정부 지원을 받아야 하는 다른 부실 은행의 주주들이 이를 두려워하기 시작하면 연쇄적인 주식 대량 매각 사태가 일어날 가능성이 있다. 정부가 민간 기업을 잘 관리하기는 쉽지 않으며 특히 전 세계에 지점을 두고 있는 초대형 은행들은 더욱 관리하기가 힘들다.

프랑스는 1980년대에 은행을 국유화했으나 이러한 노력은 참담한 실패로 돌아갔다. 정부는 다시 은행들을 민간인의 손에 되돌려

놓아야 했다. 일부 아시아 국가들도 1990년대 후반에 닥친 아시아 금융위기 때 은행을 국유화했으나 이러한 은행들은 곧 비효율적인 국영 기관으로 전락해버렸다. 또한 몇몇 국영 은행들은 위험을 제대로 관리하지 못하여 실패를 맛보기도 했다.

그 밖에도 국유화된 은행을 지휘할 새 경영진을 찾아내서 임명하는 것 등 은행의 국유화에 따르는 골치 아픈 문제는 한두 가지가 아니다.

정부는 금융시장 개입 시 분명한 목표를 가지고 있어야 한다.

우선 리만 브라더스 파산 이후의 금융 혼란과 같은 사태는 무슨 수를 써서라도 막아야 한다. 당시 파산의 여파는 마치 재앙과도 같았는데, 이와 같은 일이 다시는 반복되지 말아야 한다. 두 번째로 국유화가 되더라도 은행의 경영은 정부의 간섭을 최소화한 범위에서 민간의 손에 맡겨야 한다. 세 번째로 어떤 은행에 충분한 자금을 공급하고 어떤 은행에는 공급하지 않을지 시장에 분명한 메시지를 보내야 한다. 또한 정부는 자금을 투입하지 않을 은행에 대해 어떤 조치를 취할 것인지도 명백하게 밝혀야 한다.

스트레스 테스트는 경제가 급변하는 상황에서 금융기관의 자기자본 건전성을 확인하는 방법이다. 이 방법은 과거에도 사용되어 왔으므로 새로운 것은 아니다. 금융 감독자들은 금융 규제와 감독 시스템의 일환으로 은행이 정기적으로 포트폴리오에 스트레스 테스트를 실시하도록 요구해왔다.

　스트레스 테스트를 통해 정부는 각 은행이 험난한 경제 환경에서 살아남을 수 있는지 여부를 확인할 수 있다. 테스트 후에는 은행을 세 가지 그룹으로 분류하게 된다.

　첫 번째는 충분한 경쟁력을 가진 우량 은행들이다. 두 번째는 회생 가능성이 없는 은행들이다. 이러한 은행은 폐쇄한 후 보다 건전한 금융기관과 합병해야 한다. 세 번째 그룹은 지원이 필요하지만 기본적으로는 건전한 은행들이다. 이러한 은행들은 전환 가능한 우선주의 형태로 추가적인 자금 지원을 받을 수 있다. 나중에 필요하다면 우선주를 보통주로 전환하여 정부의 소유 지분을 늘릴 수 있다.

　스트레스 테스트가 완료된 후에는 은행 재무 상태의 투명도와 확실성이 크게 향상되어야 한다. 불확실성이 줄어들면 금융시장은 안정을 되찾아 빠른 시일 내에 대출을 시작할 수 있다.

　스트레스 테스트를 실시한 후에 해당 은행들의 대출이 증가하게 될지 여부는 분명치 않다. 대부분의 은행들은 정부의 규제가 심해진다는 사실을 잘 알고 있기 때문에 정부의 지원을 꺼린다. 은행이 외부에 좋은 인상을 주기 위해 자금을 대출하지 않고 축적함으로써 스트레스 테스트의 궁극적인 목적을 왜곡할 가능성도 배제할 수 없다. 장기적으로는 은행이 대차대조표 상에 보다 많은 초과 자본을 보유하게 될 가능성이 크다. 은행의 영업 비용이 늘어나면 대출 이자율도 높아진다. 한마디로 금융 환경은 안정되나 자기자본 비율을 강조한 결과 은행의 신용 대출은 그만큼 빨리 늘어나지 않고 금융 서비스 비용만 상승하게 되는 것이다.

　한국은 아시아 금융위기 때 이미 국유화 과정을 겪었다. 이 경험을 토대로 2008년 금융위기를 더욱 잘 헤쳐나갈 수 있었다.

정부 규제가 지금보다
더욱 강화되어야 하는가?

전 세계 금융 시스템은 일단 매우 심각한 상황에선 빠져 나오고 있다. 그 동안 수천억 달러에 달하는 예금이 공중 분해되었다. 많은 사람들이 일생 동안 저축해 놓은 돈의 상당 부분을 잃었다. 미국 정부는 수조 달러의 자금을 투입하여 시스템을 안정시키려고 노력했다. 금융 시스템은 어두운 터널 안에서 빛을 보기 시작했다.

따라서 금융 기관에 대한 정부의 규제 강화를 부르짖는 목소리가 커지고 있는 것도 놀랄 만한 일은 아니다. 소위 '그림자 금융 시스템'이 오늘날 전 세계를 덮고 있는 금융위기를 발생시키는 데 큰 역할을 했기 때문이다.

예를 들어 헤지 펀드는 수조 달러에 달하는 자금을 축적하면서 서브프라임 모기지부터 외환에 이르기까지 다양한 분야에서 투기 붐을 부채질했다. 버니 매도프(Bernie Madoff)는 500억 달러가 넘는 투자자들의 돈을 받아 헤지 펀드에 투자한다는 명목으로 탕진했다. 사모펀드(Private equity funds)는 막대한 돈을 대출하여 상업용 부동산, 신흥 시장, 그리고 크라이슬러와 같은 기업에 집중 투자했다.

파생 상품 시장에서도 많은 문제가 발생했다. 국제적인 보험사인 AIG는 신용 부도 스왑(Credit Default Swap, CDS) 시장에 뛰어들어 엄청난 손실을 입었다. 연방 정부는 AIG에 1,700억 달러의 자금을 투입하였고 결국 85%의 지분을 소유하게 되었다.

대서양 건너 유럽도 금융위기로 어려움을 겪었다. 각국 정부는 여러 대형 은행에 구제 금융을 제공해 국유화를 하는 과정에서 금융 시장에 천문학적인 자금을 쏟아 부었다. 아일랜드에서는 정부가 은행 시스템의 부채를 모두 보증하였고 주변 국가도 비슷한 조치를 취할 수밖에 없었다. 작은 나라인 아이슬란드는 국가 부도 사태를 맞았다. 동유럽 국가들은 외환 부채의 함정에 빠지고 나서야 얼마나 경제 사정이 어려운지를 통감하게 되었다.

이처럼 금융위기 자체가 한 나라에 국한된 것이 아니므로 전 세계적인 차원에서 금융 시스템에 대한 공동 감독과 규제가 필요하다는 의견이 나오고 있다. 예를 들어 IMF는 유럽 측의 지지를 받아 국경을 넘어 영업하는 국제 금융 기관들의 올바른 영업 윤리를 나열한 국제 금융 윤리 규정을 제안하기도 했다.

유럽에서는 세계 시장을 무대로 하는 제한된 숫자의 국제 금융 기관이 이 새로운 규칙의 적용 대상이 되길 바란다. 더 나아가서 여러 나라의 대규모 금융 기관에서 파견된 감독관들이 새로운 규제 기관의 이사회 역할을 해야 한다고 주장한다. 이 이사회는 금융 기관들의 최소 자본 기준을 설정하고 금융 기관이 특이한 헤지 펀드나 특정 종류의 파생상품을 비롯한 리스크가 높은 영업 활동을 하는 것을 제한하게 된다.

한편 미국 측에서는 국제적인 규제 감독 기관을 그다지 반기지 않는다. 국제 사회의 규제 밑으로 들어가기를 달가워하지 않는 것이다. 현재 미국은 국내 사정에 보다 치중하고 있다. 오늘날 미국의 금융 규제 체제는 상당히 세분화되어 있다. 연방 차원에서는 연방 준비 위원회, FDIC, 통화감독청 등 적어도 세 가지 기관이 금융 기관을 감독하는 일에 관여하고 있다. 또한 각 주에도 자체 감시 체제가 있다. 이렇게 지나치게 세분화된 규제 체제는 제대로 된 역할을 하지 못했다. 아서 번즈(Arthur Burns) 전 연방 준비 위원회 위원장은 이러한 체제를 '이완 경쟁(Competition in Laxity)' 이라고 표현한 바 있다.

버냉키 위원장은 미국 내 전체 금융 시장을 관장하는 '총괄 규제 감독 기관'을 제안했다. 이는 한 기관이 모든 금융 기관을 감독하고 있는 영국의 시스템과도 유사하다. 한국도 금융감독원(Financial Supervisory Service)이라는 이와 비슷한 기관을 운영하고 있다. 미국에서는 일반 은행과 투자 은행이 서로 다른 기관의 규제를 받는다. 그 결과 비교적 규제가 허술한 투자 은행들이 어려움에 빠졌고 결국 리만 브라더스와 베어스턴스의 도산과 같은 결과를 낳고 말았다. 버냉키 위원장의 제안이 실행되면 이 두 가지 종류의 금융 기관이 모두 총괄 감독 기관의 규제를 받게 된다.

AIG와 같은 대형 기업은 세계적으로 영업을 하고 있음에도 불구하고 본사가 뉴욕 주에 위치에 있었기 때문에 뉴욕 주의 매우 허술한 규제를 받았다. 버냉키 위원장은 이 제안서에서 AIG와 같은 일반 기업도 금융 기관과 같은 규제 하에 포함시킬 것을 제안했다.

더 나아가서 이 통합 감독 기관이 특정 기업에 대해 안전하지 않다는 판단을 내리면 자산을 압류하여 제삼자와의 계약을 파기한 후, 필요한 경우 일부를 매각할 수도 있다. 현재 연방 정부는 금융 기관이 아닌 AIG와 같은 일반 기업의 경우 어떠한 조치를 취할 권한이 없는 상태다.

위와 같이 정부 관료들은 규제를 강화하는 방향으로 의견을 같이하고 있다. 효과가 분명하고 지금 당장은 전혀 비용이 들지 않기 때문이다. 그러나 시장을 정부로 대체하는 것은 올바른 방향이 아니다. 지난 25년간 자유 시장이 엄청난 경제적 번영을 이루었다는 사실을 간과해서는 안 된다. 심지어 미국에서도 많은 사람들이 빈곤에서 벗어나 중산층에 합류했다. 중국, 인도, 한국 같은 국가에서는 더욱 급격한 경제 변화가 일어났다. 이번 금융위기 문제가 매우 심각하기는 하지만 실질적으로 자유 시장은 시행착오를 거쳐가며 더욱 발전해왔던 것이다.

의과 대학에서 학생들은 '환자에게 절대 해를 끼치지 말아라'는 표어를 의사가 되는 데 가장 중요한 원칙으로 배운다. 의학과 마찬가지로 정부가 문제에 절대 개입해서는 안 된다는 뜻은 아니다. 오히려 어떻게 개입하느냐가 더욱 중요하다. 지나친 규제 감독은 오히려 역효과를 불러올 수 있다. 말 그대로 정부는 경제에 해를 끼치지 말아야 한다.

엔론과 월드콤의 비극 이후, 미국 의회는 '사베인스-옥슬리 법(Sarbanes-Oxley Act)'을 통과시켰다. 사베인스-옥슬리 법은 실질적으로 '투명한 회계'에 대한 법안이다. 이 법에 따르면 금융 기관과 비금융 기관을 막론한 모든 기업은 재정 상태를 정확하게 보고하기 위해 많은 단계와 절차를 의무적으로 거쳐야 한다.

유감스럽게도 이러한 과정이 지나치게 번거로워져서 기업에는 시간과 비용 면에서 큰 부담을 주게 되고 생산성을 저하시키는 결과를 낳았다. 소규모 기업의 경우 사베인스-옥슬리 법은 수익 보고서에서 주요한 비용 항목이 되었다.

문제를 해결하려고 지나치게 서두르다 보면 사베인스-옥슬리 법처럼 장기적으로는 더욱 큰 문제를 낳는다. 역사적으로 볼 때 규제가 강화된다고 해서 반드시 결과가 좋아지는 것은 아니다. 은행은 다른 업계보다 엄격한 규제를 받는 부문 중 하나다. 그럼에도 불구하고 씨티 은행, 워싱턴 뮤추얼 은행, 와코비아 은행 등 대형 은행이 심각한 재정난에 빠져 정부의 도움을 필요로 하고 있다. 이미 지금도 법률 상으로는 충분한 규제 조항이 존재한다. 중요한 것은 그러한 규제를 실제로 시행하는 것이다.

　물론 헤지 펀드, 사모 펀드, 파생 상품을 정부 감독 하에 두기 위한 추가적인 조치는 필요하다. 그러나 규제 구조를 개편하는 과정에서 반드시 유념해야 할 몇 가지 원칙이 있다.

　우선 규제는 매우 투명하게 이루어져야 하며 되도록이면 단순한 체계여야 한다. 현재는 여러 기관에 너무 많은 규제 조항이 있고 때로는 이들이 서로 상충되기도 하여 금융 기관이 따르기가 매우 어렵다. 두 번째로 정부 기관들은 업계의 경계를 초월하여 함께 공조해 나가야 한다. 고하를 막론한 여러 정부 기관들이 다른 정부 기관의 방침을 고려하지 않고 독자적인 규칙을 만드는 경우도 드물지 않다. 세 번째로 금융위기에 대한 해결책이 무엇이든 간에 정부가 모든 것을 해결할 수는 없다는 점을 꼭 기억해야 한다.

　자유 시장만이 해결책이다.

왜 캐나다의 은행들은
비교적 타격을 받지 않았는가?

캐나다를 순방했던 오바마 대통령은 "캐나다는 미국과 달리 금융 시스템 관리에 있어서 상당히 좋은 모범을 보여 왔다"고 말했다. 전 연방 준비 위원회 위원장이자 대통령 경제 고문인 폴 볼커(Paul Volcker)는 캐나다식 금융 모델을 도입할 것을 제안한 바 있다.

주택 담보 대출이 좋은 예이다. 미국의 방만한 대출 기준과는 대조적으로 캐나다의 은행들은 감정액의 75% 이상은 대출해주지 않는 매우 보수적인 대출 기준을 적용하고 있다. 보수적인 대출 문화는 경제가 활황일 때 금융 기관들의 성장과 수입을 제한하는 걸림돌이 되었지만 현재와 같은 전 세계적인 금융 시장 위기 상황에서는 충분한 보답을 받고 있다.

캐나다 왕립 은행(Royal Bank of Canada)과 토론토 도미니언 은행(Toronto Dominion Bank)은 신용 평가 기관 무디스에서 AAA등급을 받은 전 세계 7개 은행 중 두 곳이다.

캐나다에는 대형 은행이 캐나다 왕립 은행, 토론토 도미니언 은행, 노바스코샤 은행(Bank of Nova Scotia), 캐나다 임페리얼 상업 은행(Canadian Imperial Bank of Commerce), 몬트리올 은행(the Bank of Montreal) 등 5개뿐이다. 이 5개 은행은 전국에 걸쳐 수천 개의 지점을 보유하고 있으며 지리적 다양성과 규모의 경제를 십분 활용하고 있다. 이에 비해 미국의 금융 시스템은 전국에 걸쳐 7,500개 이상의 은행이 난립하고 있는 상태이다.

캐나다는 1980년대에 투자 은행과 중개업자들을 5개 대형 은행의 산하로 통합했다. 그 결과 투자 은행도 일반 은행과 똑같은 엄격한 규제를 받게 되었다. 미국 금융 시스템은 점점 캐나다와 같은 시스템으로 나아가고 있다. 골드만 삭스, 모건 스탠리, 아메리칸 익스프레스와 같은 여러 비금융 기업이 금융 지주 회사 설립을 위한 인가를 신청하여 승인을 받았다.

물론 그렇다고 해서 캐나다 은행들이 전 세계적인 금융위기에서 전혀 영향을 받지 않는 것은 아니다. 자산의 상당 부분이 손절매되었고 정부가 금융 시스템에 유동성 자금을 투입했다. 그러나 씨티은행이나 뱅크 오브 아메리카와 비견될 만큼 대규모의 정부 구제 노력은 없었다.

미국의 은행들은 캐나다 은행에서 몇 가지의 교훈을 얻을 수 있다. 우선 대출 기준이 좀 더 엄격해져야 한다. 두 번째로 일반 은행 및 투자 은행은 같은 감독 기관이 관리해야 한다. 미국에서도 이러한 관리 체제를 위한 조치를 취하고 있다.

그러나 캐나다 은행들도 금융 혁신에서는 좋은 성과를 얻지 못했다. 미국 은행들은 참신하고 새로운 금융 제품을 선보였다. 물론 그 중 일부가 금융위기를 초래한 것은 사실이지만 말이다. 따라서 창의성과 혁신이라는 장점을 잃지 않으면서도 보수적인 금융 정책을 취하는 것이 무엇보다 중요하다 하겠다.

Part 04

세계 경제,
이렇게
흘러간다

세계 경제 전망

2009년에 세계 경제는 60년 만에 처음으로 마이너스 성장을 기록할 것으로 보인다. IMF 경제 전망에 따르면(2009년 중순 발표) 세계 경제는 2009년에 −1.4% 성장을 기록한 후 2010년에는 2.5%의 성장을 보일 것이라고 한다. IMF는 마이너스 성장의 원흉으로 '실물 경제와 금융 시스템 간의 악순환'을 꼽았다.

다행히도 대규모 재정 및 통화 부양책 덕분에 세계 경제는 회복 국면으로 접어들었다. 정부의 적절한 대응 정책이 없었다면 세계 경제는 또 한 번의 불황을 맞았을 것이다. 금융 환경은 예상보다 훨씬 빨리 안정되며 실물 경제를 돕고 있다.

미국 경제의 안정은 매우 중요한 의미를 갖는다. 미국은 전 세계 경제를 이끄는 견인차 역할을 해왔다. 금융위기는 미국에서 처음 촉발되었으며 미국 경제는 가장 먼저 경기 위축에 빠져들었다. 다른 국가, 특히 유럽은 다소 뒤쳐졌다. 미국의 정책 대응 덕분에 세계적 경기 위축은 다소 지연되었다.

이제 미국은 다른 국가들보다 앞서서 경기 위축에서 빠져 나오려는 것처럼 보인다. 미국의 경제가 부진하면 수입이 수출보다 빠르게 줄어들어 중국 같은 대규모 교역국에게 타격을 준다. 미국이 경기 회복을 이끌고 있는 상황에서는 수입이 수출보다 빠르게 증가할 가능성이 크므로 다른 국가의 경제 활동을 촉진시키는 역할을 하게 된다.

그러나 미국도 예전처럼 국제 경제의 원동력 역할을 하기는 쉽지 않다. 금융 시스템이 상당히 안정되기는 했지만 아직 다소간의 위험을 내포하고 있다. 디레버리징 과정은 막 시작되었을 뿐이다. 앞으로도 파산을 비롯한 구조조정이 잇따를 전망이다. 신용의 흐름이 제한되어 있기 때문에 경제는 예전처럼 빠른 성장을 하지 못할 것이다.

미국 소비자들은 보유하고 있는 자산 가치가 급격히 하락하는 것을 지켜보았다. 이에 대한 대응은 저축을 늘리고 소비를 줄이는 것이었다. 얼마 전까지만 해도 미국 소비자들의 저축률은 마이너스였다. 최근 자료(2009년)를 보면 저축률이 무려 5%에 육박할 정도로 엄청나게 늘어난 것을 알 수 있다. 앞으로도 저축률은 상당히 높게 유지되어 미국 소비자들의 하락한 자산 가치를 보충하게 될 것이 분명하다.

미국 경제 회복의 아킬레스건은 바로 실업률이다. 기업들은 불필요한 인력을 줄여 효율성을 높이기 위해 노력하고 있다. 실업률은 2010년에 10%를 넘어설 전망이다. 일자리가 줄어든 상황에서는 지속적인 경제 회복을 지탱하기가 어렵다.

일본 경제도 회복 기미를 보이고 있다. 세계 경제가 급속히 성장하면서 일본의 수출이 호전됨에 따라 일본은 '잃어버린 10년'을 극복할 수 있었다. 금융위기 이후 세계 경제가 위축기에 들어서면서 일본의 수출도 줄어들어 일본 경제를 또 다른 깊숙한 경기 위축으로 몰아넣고 있다. 그러나 다행히 수출은 낮은 수준에서 안정화되었다. 재고 소진도 거의 끝나가고 있으며 기업과 소비자 신뢰도 역시 모두 정상 수준으로 돌아가고 있다. 중국, 인도, 그리고 기타 개발 도상국의 경제 발전도 일본에 긍정적인 영향을 미치고 있다. 정부의 대규모 경기 부양책도 효과를 발휘하고 있다.

유로화 지역도 경제 회복의 기미를 보이기 시작했다. 하지만 유럽 일부 국가의 주택 거품은 미국보다 심각한 수준이고 아직 바닥이 보이지 않는다. 독일과 같은 국가의 수출은 계속 수직 하락하고 있으며 조만간 반등의 가능성도 희박하다. 점점 더 많은 국가가 두 자리수의 실업률로 신음하게 될 것이다. 금융위기는 다른 지역보다 훨씬 심각하여 안정되려면 상당한 시간이 걸릴 수도 있다.

OECD 비회원국들의 경제는 견실한 성장을 할 것으로 예상된다. 중국을 예로 들어보자. 중국은 하락하는 수출을 만회하기 위해 대규모의 경기 부양 프로그램을 도입했다. 중국 경제는 정부의 최소 성장 목표치에 가까운 약 8% 성장을 달성할 것으로 보인다.

경기 부양책이 없었다면 성장률은 6%로 떨어졌을 것이다. 이러한 성장 둔화는 사회적인 불안을 야기할 수 있다. 8%의 경제 성장률은 실업률을 안정적으로 유지하는 데 꼭 필요한 수치이다. 엄청난 규모의 외환 보유고를 사용하여 중국은 경제 성장률 측면에서 원하는 성과를 얻을 수 있을 것이다.

중국의 경제는 수출 의존형에서 국내 소비 주도형으로 근본적인 구조적 변화를 겪고 있다. 이러한 변화는 일본, 한국, 미국을 포함한 주요 교역국에 긍정적인 영향을 미칠 것이다. 중국이 국내 소비에 좀 더 집중하면서 이미 아시아 및 남아메리카 신흥 시장 국가들의 경제 전망은 밝아지고 있다. 미국 또한 중국의 경제 정책에서 혜택을 입을 수 있는 국가 중 하나다.

문제는 중국이 그러한 정책을 장기적으로 펼칠 것인가, 특히 세

계 경제가 정상적인 성장 가도에 들어선 후에도 정책 기조를 유지
할 것인가 하는 점이다.

　세계 경제가 대체적으로 긍정적인 모습을 보이고 있기는 하지만
경기 위축은 아직 끝나지 않았다. 여러 가지 이유로 경기 회복은 고
통스러울만큼 느리고 점진적이다. 지지부진한 전 세계 경제에 활력
을 불어넣기 위해서는 올바른 거시 경제 정책이 유지되어야 한다.

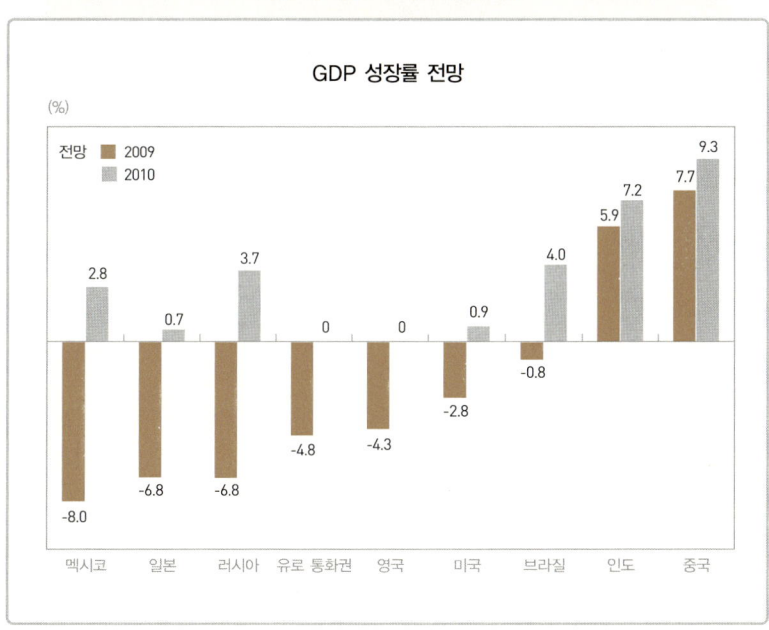

과연 경기는 바닥을 쳤는가?

출처: OECD(2009)

통화 정책과 재정 정책 모두 금융 시스템을 지원하여 다시 혼란에 빠지지 않도록 해야 한다.

세계 경제 회복에 박차를 가하기 위해 일본, 중국, 독일 같은 주요 흑자 국가가 소비를 장려하는 경제 정책을 펼치는 것이 매우 중요하다.

미국 경제의 근본적인 변화

2007말 경에 시작된 경기 위축은 제2차 세계대전이 끝난 이후 가장 장기간의 경기 침체로 기록되고 있다. 그나마 오바마 정부가 추진한 대규모 경기 부양 프로그램 및 버냉키 연방 준비 위원회 위원장이 이끄는 혁신적인 통화 정책 덕분에 미국 경제는 점차 활력을 되찾고 있다. 적극적인 경제 정책이 없었다면 미국 경제는 또 다른 불황으로 빠져들었을 것이다. 심각한 경기 위축에 대처하기 위해 정부의 과감하고 결단력 있는 조치가 절실했다.

경제에 대해 낙관적인 전망이 고개를 드는 데에는 몇 가지의 이유가 있다. 2009년 초반 바닥을 친 후 소비자 신뢰도는 상당히 회복되었다. 현재 상황이 암울하기는 하지만 소비자들은 향후 경제에 대해 낙관적으로 생각하기 시작했다. 경기 회복에 대한 기대감으로 원유에서 콩에 이르기까지 소비재 가격이 뛰어올랐다. 금융 시장에서 기업 대출 금리도 상당히 떨어져 금융 시장이 다소 안정세에 접어들고 있음을 보여주었다.

제조업계에서도 생산이 소비를 따라잡지 못하여 재고가 빠르게 소진되고 있다. 매출이 안정되면 재고를 다시 확보하기 위해 생산도 늘어나게 될 것이다. 생산이 늘어나면 일자리와 소득도 늘어나므로 경제에 활력이 생기게 된다. 미국 자동차 산업이 좋은 예다. 생산은 실질적으로 정지했지만 일부 인기 모델은 공급이 부족한 실정이다. 매출은 낮은 수준에서 안정화되어 점차 생산이 늘어날 것임을 시사하고 있다.

최근 금융위기를 촉발시켰던 주택 시장에서도 조심스럽게나마 긍정적인 전망들이 흘러나오고 있다. 주택 가격은 크게 하락했고 주택 담보 대출 금리는 사상 최저 수준이다. 결과적으로 주택 마련이 훨씬 쉬워졌다. 즉 다른 말로 하면 이제는 더 많은 사람이 주택을 구입할 수 있게 된 것이다. 캘리포니아 중부에서는 주택 붐이 한창일 때 많은 중산층 가족들이 높은 집값을 감당하지 못했었다. 하지만 이제는 주택 가격이 엄청나게 하락하여 정규직이기만 하면 집을 살 수 있게 되었다. 남부 캘리포니아의 일부 지역에서는 2009년 들어 집값이 두 자릿수 상승세를 기록하기도 했다.

이러한 긍정적인 기대감이 높아지고 있기는 하지만 경제는 아직 위험에서 빠져 나오지 못했다. 현재(2009년 9월) 경제 상황에서 가장 우려되는 부문은 바로 일자리다. 경기 후행 지수인 실업률은 2010년 1분기까지 계속 상승할 것이다.

경제학자들은 경기 회복에도 불구하고 실업률이 높은 것에 대해 우려하고 있다. 일부 고용주들은 수요가 줄어들 것을 예상하고 정리해고를 단행했다. 그 결과 해고율이 수요 하락율보다 높아지고 말았다. 지속적인 경제 회복이 가시화되어야 고용주들이 다시 고용을 늘리려고 할 것이다. 그러나 다행히 당분간 정리해고의 속도는 다소 진정 기미를 보일 것으로 예상된다.

이번 경기 위축에서 남성들이 여성들보다, 그리고 유색 인종이 백인들보다 더 큰 타격을 입었다. 제조업과 건설업이 직격탄을 맞으면서 남성과 소수 인종이 가장 큰 피해를 입었다. 반면 여성 고용 비율이 높은 보건 및 전문 서비스 직종의 상황은 상대적으로 나은 편이다.

생산성이 향상됨에 따라 신규 고용이 줄어들고 있다. 기업들은 첨단 기술을 활용하여 생산성을 높이고 있다. 기존 직원들은 정리해고의 대상이 되지 않기 위해 열심히 일하고 있다.

더딘 경제 회복이 예상되는 또 한가지 이유는 전반적인 신용 경색 현상이다. 신용에는 무엇보다 상호 신뢰가 중요한데, 현재는 신뢰가 무너진 상태다. 신뢰와 자신감이 완전히 회복되려면 몇 년이라는 시간이 필요하다. 그 이전에는 신용 대출을 얻기가 매우 어려울 것이다.

미국 전체 고용의 2/3 이상을 떠맡고 있는 중소 기업들은 금융 기관에서 신용 대출을 받기가 힘들다며 고충을 토로하고 있다. 수많은 소비자 대출 신청도 거부되었다. 또한 상업용 부동산 시장의 문제들은 이제야 서서히 드러나기 시작하고 있다. 채무 불능 상태에 빠진 부동산 대출이 속속들이 나타나면서 앞으로도 여러 가지 어려움이 기다리고 있다.

한마디로 신용과 경제 성장은 밀접한 상관 관계가 있다. 은행 대출이 없다면 경제 성장은 탄력을 받을 수 없다.

경제의 약 70%를 담당하는 소비자 지출은 더 이상 경제 성장의 원동력이 되지 못한다. 과거에는 소비자들이 엄청난 규모의 자금을 대출하여 소비함으로써 경제 성장을 주도했다. 하지만 이제는 상황이 다르다. 주식과 부동산 가격의 폭락으로 소비자들이 보유한 자산 가치가 크게 줄어들었다. 줄어든 자산 가치를 보충하기 위해 저축률이 점차 증가하고 있는 추세다. 저축이 많아지면 소비가 줄어들게 되므로 경제 성장도 더디게 될 수밖에 없다.

부진한 국제 무역 또한 매우 우려되는 사안이다. 경제 활동이 부진한 상태에서는 각 국가가 보호무역주의에 의존하게 된다. 외국 기업들과의 경쟁에서 국내 산업을 보호하기 위해 관세 및 비관세 장벽이 모두 사용된다.

2005년 이후 수출은 최전방에서 미국의 경제 발전을 이끌어 왔다. 그러나 세계 경제가 위축되고 달러화가 강세를 보이면서 수출도 타격을 입었다. 수출이 10억 달러 발생할 때마다 미국 국내에 2만 5,000개의 일자리가 창출된다. 무역 규모가 줄어들면 무역 수지는 개선되지만 일자리와 경제 활동에 악영향을 미친다. 이미 중국, 한국, 대만, 싱가포르, 독일 등 수출에 크게 의존하는 국가들은 수입을 크게 줄였다. 당분간 무역이 경제 성장에 크게 이바지할 확률은 크지 않다.

금리 및 원유가 상승 가능성은 경제에 2중으로 타격을 준다. 재정 적자가 눈덩이처럼 불어나고 그에 따라 인플레이션 우려가 커지면서 주택 담보 대출 금리를 포함한 금리는 조만간 오르기 시작할 것이다. 또한 세계 경제가 다시 성장 가도에 접어들기 시작함에 따라 원유 수요가 늘어날 것이 예상되는 가운데 공급은 줄어드는 상태라 원유가는 더욱 상승할 것이다. 금리 인상과 유가 상승은 높은 세금과 마찬가지로 경제에 악영향을 미쳐 향후의 경제 성장을 가로막는다.

인플레이션은 당분간 문제가 되지 않을 것이다. 수요가 줄어들고 상품 가격이 낮아졌기 때문에 물가 상승 억제 효과가 나타날 것이다. 각 가정에서 지출을 줄임에 따라 기업은 구매력을 잃게 된다. 일자리가 줄어듦에 따라 노동자들은 발언권을 잃게 되고 임금 인상도 요원하다. 현재 상황에서는 디플레이션이 보다 큰 문제이다. 디플레이션 심리가 자리잡게 되면 소비자와 기업 모두 필수품 외의 소비를 줄이기 때문에 경기 회복은 더욱 지연된다.

정리를 해보면, 미국 경제는 이미 바닥을 쳤고 다시 일어서기 시작했지만 성장은 매우 더디고 점진적으로 이루어질 것이다. 금융 부문은 아직 완전히 회복되지 않았다. 따라서 경제 성장이 멈추고 다시 경기 위축에 빠질 수도 있다. 그러므로 세계 경제가 단단한 기반 위에 설 때까지 경기 부양 정책을 유지하는 것이 중요하다.

대공황 당시 루스벨트 대통령은 재정 적자를 우려하여 뉴딜 프로그램의 자금 공급을 늦추고 세금을 인상했다. 그러자 경제는 다시 깊은 경기 위축에 빠져들었고 결국 정부는 이 조치를 철회해야 했다. 일본 정부는 경기 부양책에 대해 매우 소극적이었다. 새로운 인프라 구축 프로그램이 도입되는 동안에도 세금을 인상했다. 몇몇 프로그램은 공약만 내걸고 추진되지 않았다. 결국 일본 경제는 지난 10년간 부진에서 헤어나지 못했다.

미국은 결코 같은 정책상의 실수를 되풀이해서는 안된다.

달러화의 향방은?

세계적인 금융위기 속에서, 달러화가 강세를 보이는 원인 중 하나는 '안전 자산으로의 도피(Flight-to-Safety, 경기 불안 심리가 고조되면서 투자자들이 안전한 자산으로 몰리는 현상-역주) 현상' 이라 할 수 있다.

경제가 불안정한 시기에는 사람들이 자본 수익이나 금리보다는 원금의 안전성을 보다 중시하게 된다. 해외 투자는 국내 투자보다 더 위험성이 높은 것으로 간주된다. 금융위기 당시에는 해외 투자자들이 주식을 팔고 그 돈을 달러화로 전환하면서 주식 가격과 한

국 원화가 동시에 약세를 보이기도 했다. 현재(2009년)는 국제 경제
와 금융 시장이 안정되면서 반대 현상이 일어나 달러화 대비 원화
의 가치가 올라가고 한국 주식에 대한 수요가 높아지고 있다.

　여러 무역 상대국 간에 비슷한 정책이 집중적으로 실행되는 것도
최근 달러화 강세의 이유 중 하나다. 금융위기가 시작되면서 미국
은 가장 앞장서서 재정과 통화 경기 부양 정책을 추진했다. 앞서 설

미국의 무역 수지(1965년~2008년)

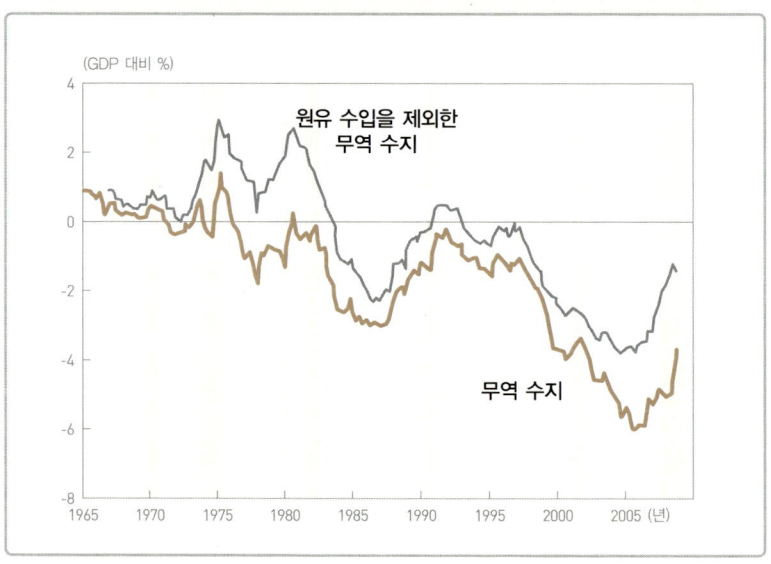

출처: 미국 의회 예산 사무국, 상무부(Department of Commerce), 경제 통계국(Bureau of
　　 Economic Analysis)

명한 것과 같이 미국 정부는 대규모 경기 부양 법안을 통과시켰다. 마찬가지로 경기 부양을 목적으로 한 통화 정책도 시행되었다. 금리를 0으로 인하하고 양적 완화 프로그램을 시작했다.

그러자 다른 교역 상대국들도 미국의 선례를 따라 대규모의 경기 부양 조치를 도입하였다. 많은 국가들이 상당히 비슷한 경제 정책을 추진하였고 금리는 0으로 집중되었다. 예를 들어 영국 은행은 금리를 0.5%로 인하했고 일본 은행도 금리를 0에 가깝게 인하했다. 이렇게 되자 달러화 가치가 올라갔다. 정책 집중이 시작되기 전에 달러화가 절하되고 과소평가되어 있었기 때문이다.

경제 정책의 집중 현상은 계속된다. 연방 준비 위원회, 영국 은행, 일본 은행은 '양적 완화' 프로그램을 도입했다. 이자율이 0% 이하로 내려갈 수는 없으므로 중앙 은행들은 화폐를 발행하여 정부 증권과 사설 증권을 모두 매입하기 시작했다. 양적 완화는 금융 시장 전반에 금리를 낮추어 대출을 장려하고 기존 대출이 있는 사람의 입장에서는 현금 흐름이 개선되는 효과가 있다. 또한 정책 집중이 일어나면 달러화가 계속 강세를 보이는 경향이 있다.

달러화 유통이 늘어나면서 양적 완화가 인플레이션을 발생시키지 않을까? 일반적인 상황에서는 그렇다. 하지만 지금은 일반적인 상황이 아니다. 중앙 은행들은 화폐 공급을 늘려서 화폐의 유통을 활발하게 하기 위해 노력하고 있다. 앞에서도 언급한 바 있지만, 노동력과 공장 설비에 잉여 자원이 충분하므로 가까운 장래에 인플레이션이 촉발될 가능성은 적다.

또한 양적 완화가 반드시 인플레이션으로 이어지는 것도 아니다. 일본의 '잃어버린 10년'은 물론 그 이후에도 인플레이션이 문제가 된 적은 없었다. 사실 엔화의 가치는 양적 완화 프로그램이 시작된 이후 오히려 올라갔다.

정책 집중 이외에 당분간 달러화가 강세를 보이게 될 이유는 또 있다. 미국 소비자들이 더 이상 활발하게 지출을 하지 않는다는 사실이다. 실업률이 높아지고 주택 가격이 떨어지며 주식 시장이 연일 곤두박질치자 많은 미국인들이 지나친 소비 성향을 바꾸고 더욱 저축을 늘려야겠다고 결심하게 되었다.

미국인들의 저축률이 늘어나면서 수입은 수출보다 빠르게 감소하고 있다. 현재 경상 수지 적자가 서서히 줄어들고 있고 앞으로는 더 개선될 전망이다. 역사적으로 경상 수지의 변화는 약 2년의 시간차를 두고 달러화 가치에 영향을 미쳐왔다.

구매력 평가설(Purchasing Power Parity/PPP, 환율은 양국 통화의 구매력에 따라 결정된다는 이론-역주)로 생각해 보아도 현재 달러화 가치가 지나치게 높은 것은 아니다. 구매력 평가설에 따르면 통화 가치는 양국의 상대적인 물가상승률에 따라 결정된다고 한다. 이러한 관점에서 생각해볼 때 달러화는 아직 과소평가되어 있다고도 할 수 있다.

그렇다고 해서 달러화의 가치가 앞으로 모든 통화에 대해 절상되어야 한다는 의미는 아니다. 한국 원화를 예로 들어보자. 국제 금융위기 동안 원화 가치는 지나치게 빠르게 떨어져 거의 1달러 당 1,600원에 육박했었다. 장기적으로 보면 원화의 가치는 1달러 당 1,000~1,100원 정도가 적당하다. 현재 원화가 절하되어 있기 때문에 앞으로 대부분 통화 대비 달러화의 가치가 점진적으로 강세를 보인다고 해도 향후에 원화 가치는 오히려 상승할 가능성도 있다.

달러화는 주요 국제 기축통화로서 건재할 것인가?

주요 국제 기축통화로 사용되고 있는 미 달러화를 다른 통화로 교체하자는 주장이 점차 지지를 얻고 있다. 오늘날 모든 기축통화의 2/3를 달러화가 차지하고 있다. 중국이 보유하고 있는 외환은 대부분 달러 표시 자산이다.

미국은 마음만 먹으면 얼마든지 돈을 찍어낼 수 있기 때문에 재정을 관리하는 데 절제가 부족했다. 2009~2010 회계연도만 보아도 미국 정부의 재정 적자는 약 1조 6,000억 달러에 달할 전망이다. 세계 경제에 달러가 흘러 넘치면서 달러화 가치가 큰 폭으로 오르내리면 중국과 같이 대규모 달러 자산을 보유한 국가에게는 큰 타격이 된다.

그러나 단기적으로는 달러화를 대체할 만한 마땅한 대안이 없다. 중국 중앙 은행은 IMF의 특별 인출권(Special Drawing Rights, SDR)을 '슈퍼 통화(Super Currency)'로 확대할 것을 제안했다.

제2차 세계대전이 끝난 후 당시에는 세계 경제 성장을 뒷받침할 달러가 절대적으로 부족했다. 전 세계에 얼마나 달러화가 공급되느냐는 미국의 경상 수지 적자에 달려 있었으나 달러의 공급은 충분하지 않았다. 충분한 양의 기축통화를 확보하기 위해서는 미국이 대규모의 경상 수지 적자를 유지해야 한다. 일본이나 중국 같은 만성 경상 수지 흑자국의 통화는 주요 기축통화가 될 수 없다.

따라서 1960년대 초반에 IMF는 미국 달러화를 보조할 특별 인출권을 만들어서 국제 거래를 촉진시켰다. 특별 인출권의 가치는 미국 달러(44%), 유로화(34%), 일본 엔화(11%), 영국 파운드화(11%)라는 네 가지 통화의 가중 평균이다(2006~2010년 기준). 엄밀히 말해 특별 인출권은 통화가 아니라 IMF 회계상의 항목이다. 그래서 이 특별 인출권을 "종이로 만든 금"이라고 부르기도 한다.

IMF 각 회원국은 IMF 공헌도에 비례하여 특별 인출권을 할당 받았다. A라는 국가가 B라는 국가와의 사이에 경상 수지 적자를 기록하고 있는 경우, A는 IMF 회계 항목의 형태로 할당 받은 특별 인출권을 B에 전달한다.

　때로는 이 특별 인출권을 한 나라가 다른 나라에게 주는 약식 차용증서라고 부르기도 한다. 각 국가는 특별 인출권 할당량을 빌리거나, 빌려주거나, 증여할 수 있다. 달러화가 특별 인출권으로 전환되면 달러화의 가치를 절하하지 않고도 다양한 기축통화를 확보하는 셈이 된다.

　중국은 최근 들어 기축통화로 달러화 외의 다른 옵션을 찾고자 한다. 현재(2009년 9월 기준) 중국은 약 1조 5,000억 달러 이상의 자금을 달러 자산에 투자한 상태다. 하지만 3,000억 달러 이상의 연간 경상 수지 흑자와 기존 투자에 대한 이자 및 배당금 때문에 중국은 달러화 자산에 투자하는 것 이외에는 별다른 대안이 없는 상태다. 미국 금융 시장처럼 규모가 크고 다양한 옵션을 갖춘 시장이 없기 때문이다.

　중국은 달러 자산에 투자하여 손실을 입었다. 중국은 패니 메이와 프레디 맥 증권의 최대 투자자 중 하나였다. 중국은 패니 메이와 프레디 맥과 관련된 증권을 재무부 채권으로 전환했다. 또한 중국은 리만 브라더스에 투자하여 상당한 손실을 입었다. 중국의 원자바오 총리는 "우리는 미국에 많은 자금을 빌려주었고 현재 그 자산의 안전성에 대해 우려하고 있다"고 말하기도 했다.

그렇다면 미 달러화를 특별 인출권으로 대체하는 것은 얼마나 현실성이 있는가? 특별 인출권은 IMF 회계부서에서 종이와 연필로 얼마든지 만들어낼 수 있다. IMF 이사회는 1997년에 특별 인출권 프로그램의 확대를 승인한 바 있다. 131개 회원국의 임원 중 78%가 이에 찬성했지만 통과가 되려면 회원국 임원의 85% 이상이 찬성해야 한다.

현재 17%의 투표권을 가지고 있는 미국이 이를 지지하지 않으므로 통과는 불가능하다. 최근 기자회견에서 오바마 대통령은 "달러화는 매우 강력한 통화이며 새로운 국제 통화의 필요성을 느끼지 못한다"는 요지의 발언을 한 바 있다.

특별 인출권이 가지고 있는 또 하나의 문제점은 통용성이다. 특별 인출권은 실제 통화가 아니다. 국제 상업 거래의 극히 일부만이 특별 인출권으로 거래되고 있다. 세계 우편 시스템의 어음교환국인 만국 우편 연합(Universal Postal Union)은 요금을 특별 인출권으로 결재한다. 국제 전기 통신 연합(International Telecommunications Union)은 특별 인출권을 사용하여 로밍 요금을 계산한다. 이외에는 특별 인출권을 사용하는 예를 찾아보기 힘들다. 예를 들어 원유와 같은 상품은 미 달러화로 거래된다. 심지어 유로 통화권 내에서의 일부 거래에도 달러가 사용된다.

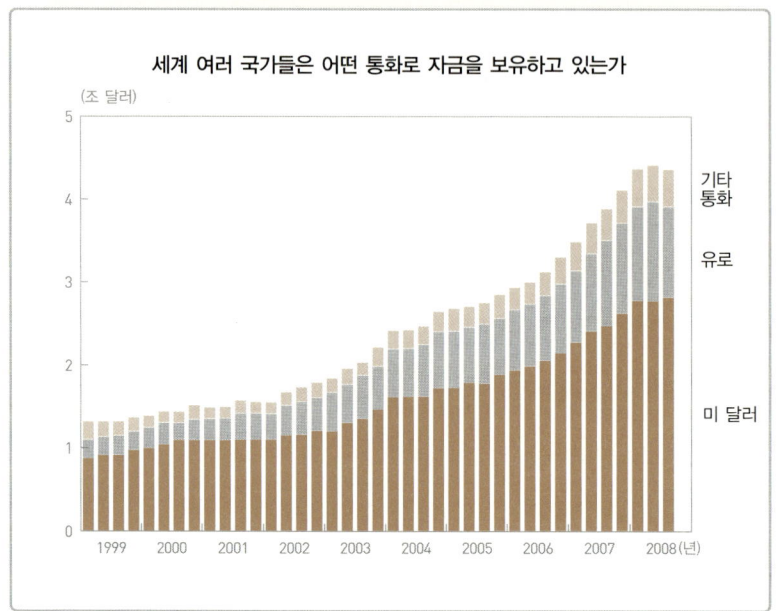

세계 여러 국가들은 어떤 통화로 자금을 보유하고 있는가

주석: 이 외에 2조 5,360억 달러에 달하는 외환 보유고의 통화는 확인되지 않음.
출처: 국제 통화 기금(International Monetary Fund)

지금까지 중국은 특별 인출권이나 다른 통화로 미 달러화를 대체하는 방안에 대해 아주 적극적인 태도를 보이지는 않았다. 원한다면 자국 외환 보유고를 특별 인출권이나 다른 통화로 다양화할 수 있는데도 달러화를 계속 보유하는 쪽을 선택했던 것이다.

그러나 중국은 미국의 경제 정책을 신뢰하지 않기 때문에 미국 통화와 경제에 전적으로 의존하여 미국 경제의 영향을 크게 받는 것을 달가워하지 않는다. 따라서 이제까지는 많은 압력을 받아왔지만 앞으로는 맞받아치기로 결심한 듯 보인다. 중국의 지도자들은 미국 경제 정책에 점점 비판적인 태도를 취하고 있다. 달러화를 특별 인출권으로 대체하자는 제안도 이러한 대미 압박의 일환이다.

다른 나라들도 원칙적으로는 중국의 입장에 동의할지 모르지만 가까운 장래에 주요 기축통화인 달러화를 다른 통화로 대체하는 것은 현실적인 방안이 아니라고 생각한다. 유로화 출범이 벌써 10년째에 접어들고 유로 통화권 내의 경제 규모가 미국보다 더 커졌음에도 불구하고 유로화는 국제 보유 자금의 약 1/3만을 차지하고 있다. 그 이상 올라서려면 무엇보다 유럽 최대 경제국인 독일이 만성 흑자가 아닌 경상 수지 적자 운영을 하여 더 많은 유로화를 공급해야 한다.

일본 엔화도 마찬가지다. 영국 파운드화는 지난 수십 년간 기축 통화로서의 위치를 점점 잃어가고 있다. 중국이 위안화를 기축통화로 끌어올려 국제 금융계에서 지도적인 역할을 하고자 하는 경우, 중국도 경상 수지 적자를 늘려야 한다.

미국은 천문학적인 재정 및 경상 수지 적자를 메우기 위해 달러화를 가장 주요한 기축통화로 유지해야 한다. 그러나 장기적으로 볼 때 달러화를 마구 찍어내 외국의 상품을 사들이는 미국의 관행에는 다소 절제가 필요하다. 달러화를 가장 중요한 기축통화의 자리에서 끌어내리고 다른 대안을 찾는 것은 오히려 미 경제에 긍정적인 영향을 미칠 수도 있다.

한편 동유럽과 동남 아시아의 국가들은 IMF의 지원이 필요하다. 세계 경제가 악화되면서 어려움을 겪고 있는 국가들을 지원하기 위해 더 많은 자원이 요구되는 실정이다. 가장 좋은 방법은 IMF가 사용할 수 있는 기금을 늘리는 것이다. 현재(2009년) IMF가 보유하고 있는 2,500억 달러로는 턱없이 부족하다.

전 세계적인 경제 위기를 해결하려면 이를 4배로 늘려서 충분한 자금을 확보해야 한다. 이미 미국, 일본, 사우디아라비아 등의 국가가 더 많은 지원을 약속했다.

유로 통화권은
와해되지 않을 것인가?

유로화를 사용하는 16개국은 미국보다 더욱 심각한 경제 위기를 겪었다. 또한 유로 회원국들 사이에도 균열이 생기고 있다. 문제를 해결하려는 정부의 대응에는 일관성이 없다. 유로 통화권에 가장 필요한 것은 통합된 정책이지만 이러한 정책을 실제로 추진할 가능성은 매우 희박하다.

유로화 통합 이후 10년 이상 회원국들, 특히 이탈리아, 스페인, 포르투갈과 같이 불안정한 통화를 보유했던 국가들은 강력한 공통 통화를 사용하게 됨으로써 큰 혜택을 입었다. 큰 폭으로 변동하던 통화의 가치는 이제 옛말이 되었다. 금리도 대폭 인하되어 주택을 포함한 지출 붐이 일었다.

그러나 좋은 시절이 영원히 계속되는 것은 아니다. 신용 거품이 꺼지고 심각한 경기 위축이 유럽 대륙을 뒤덮었다. 2009년, 유로 통화권의 경제는 미국보다 심각한 마이너스 성장을 할 것으로 예상된다. 유로 통화권 최대 경제국인 독일의 경기 위축률은 평균보다 더 클 전망이다. 스페인과 아일랜드 경제도 상당한 타격을 입을 것이다.

이러한 유럽의 경제 위축에는 두 가지 근본적인 원인이 있다. 유럽 역시 미국이나 영국처럼 신용 거품이 너무 오래 지속되었고 금융 기관들은 신용 대출을 방만하게 관리했다. 또한 감독관들은 법률상의 규제를 적용하는 데 지나치게 느슨한 모습을 보였다. 그래서 미국의 서브프라임 문제로 촉발된 금융위기가 유로 통화권에까지 전파된 것이다. 스페인과 아일랜드의 주택 거품은 미국과 영국 못지 않게 심각한 것이었다. 스페인은 신용 거품 붕괴로 인해 이미 실업률이 두 자리 수에 이르렀다.

유로 지역이 경제적 어려움을 겪고 있는 또 하나의 중요한 이유는 수출이 급격하게 감소했다는 점이다. 독일의 수출은 1년 전에 비해 이미 두 자리 숫자만큼 떨어졌다. 독일은 수출 의존도가 매우 큰 국가이기 때문에 수출 감소가 미친 영향은 막대한 것이었다. 제조업, 특히 대형 자본재 분야가 큰 타격을 입었다. 프랑스도 위기를 피해가지 못했다. 프랑스 산업 생산은 1년 전에 비해 약 14% 떨어졌으며 이는 1991년 이후 최악의 실적이다. 프랑스도 유럽 다른 국가들과 마찬가지로 경기 위축에 빠져들 가능성이 크다.

유럽 지역의 소비자 지출은 더 이상 경제 성장의 원동력이 되지 못하고 있다. 실업률 상승과 경제에 대한 불안 심리 때문에 소비자들은 지갑을 닫고 쇼핑을 하지 않는다. 소비와 수출이 줄어들고 신용 대출이 어려워지자 기업 투자도 큰 타격을 입었다. 남아도는 노동력과 자본이 늘어나면서 자본 지출의 필요성이 사라지고 있다.

이러한 모든 요소는 유로 통화권의 심각한 경기 위축을 가리킨다. 금융위기가 생각보다 오래 지속되어 실물 경제에 타격을 줄 가능성도 있다. 금융 시스템에 더욱 많은 문제가 발견될지도 모른다. 동유럽의 경제와 재정 위기가 크게 악화되어 안 그래도 어려움을 겪고 있는 서유럽 지역에 더욱 부담을 줄 수도 있다.

이러한 상황에서는 유럽 각국의 공조 하에 대규모 경기 부양 프로그램을 도입하여 경제에 미치는 충격을 줄여야 한다. 물론 지금도 몇 가지 소규모 프로그램을 추진하고 있기는 하다. 하지만 독일과 프랑스처럼 유럽의 큰 나라들은 대규모의 경기 부양책을 내켜하지 않는다. 정치 지도자들은 재정 적자가 불어나서 유로화의 안정성에 타격을 주지 않을까 우려하고 있다.

재정 적자는 빠르게 증가해 왔다. 정부의 세금 수입이 줄어들고 지출이 늘어나면서 재정 적자는 유럽 자체적으로 정한 제한선인 GDP의 3% 이상으로 늘어났다. 유로 통화권의 남쪽에 있는 몇몇 국가들이 기존 부채에 대해 채무불이행을 선언할지도 모른다는 우려도 있다. 문화적으로 독일은 재정 적자를 매우 기피하는 경향이 있다. 독일의 입장에서 재정 적자를 줄이고 유로화를 방어하는 것은 인플레이션을 막는 것보다 더욱 중요하다. 유럽 지역의 일부 다른 국가도 독일과 비슷한 견해를 보여준다.

유럽인들은 자신들의 사회 안전망을 믿는다. 경제가 호황을 누릴 때에는 미국인들이 이를 사회주의적이라고 비판했지만 경기가 어려울 때에는 좋은 방패막 역할을 해주고 있다. 예를 들어 독일에서는 정리해고 대신에 근로자들이 격주로 근무를 하며, 정부가 줄어든 임금의 2/3를 보조해준다. 이 제도는 '단축근로(kurzarbeit)' 라는 이름으로 잘 알려져 있다. 유명한 독일의 자동차 제조업체인 다임러 메르세데스(Daimler Mercedes)에서는 약 7만 명의 근로자가 단축 근로의 형태로 일하고 있다. 근무시간이 줄어든 근로자들은 그 시간을 아이들과 함께 보내거나 새로운 기술을 배우기도 하고 휴식을 취하기도 한다.

부분적으로는 이러한 사회 안전망 덕분에 세계 경제 위축이 아직 독일에는 크게 영향을 미치지 않고 있다. 또한 독일에서는 부동산 거품이 형성되지 않았다. 또한 주식 시장에 투자를 하는 사람들도 많지 않다. 사회 안전망 제도를 갖추고 있는 독일은 다른 선진국을 강타하고 있는 경제 위기에 더욱 유연하게 대처할 수 있는 것이다.

또한 유럽인들은 유럽 각국 정부가 이미 발표한 경기 부양 프로그램의 규모를 미국이 과소평가하고 있다고 믿는다. 예를 들어 독일에서는 올해 경기 부양책의 규모가 미국의 GDP 대비 2%와 크게 차이 없는 GDP 대비 1.5%라고 주장한다. 그러나 미국은 독일이 더욱 큰 규모의 부양책을 추진해야 한다고 생각한다. 독일은 수출 의존도가 매우 큰 국가이다. 독일은 경상 수지 흑자의 일부를 세계 경제를 살리는 데 사용해야 한다. 그렇게 하면 결국 독일의 수출에도 도움이 되기 때문이다. 독일 경제는 올해 약 5~6% 정도 위축될 것이라는 전망이다.

스페인이나 이탈리아처럼 부채 비율이 높은 국가들은 진퇴양난에 빠져 있다. 경제는 빠르게 악화되었고 실업률은 두 자리 수로 늘어났다. 이러한 국가들은 돈을 찍어낼 능력도 없으며 예전처럼 자국 화폐를 평가 절하할 수도 없다. 유일한 대안은 경제 규모를 더욱 줄여 수출을 늘리고 수입을 억제함으로써 무역 수지의 균형을 맞추는 것이다. 현재와 같은 경제 상황에서 수출을 장려하기는 쉽지 않다. 또한 지금보다 실업률이 더욱 높아지는 것은 정치적으로 절대 받아들일 수 없는 일이다.

유일한 대안은 유로 통화권에서 탈퇴하여 예전의 자국 통화 체제로 돌아가는 것이다. 자국 화폐를 사용하게 되면 얼마든지 화폐를 발행할 수 있으므로 통화의 가치를 떨어뜨려 국제 시장에서 경쟁력을 강화할 수 있다.

그러나 자국 통화 체제로 되돌아가는 것은 매우 어렵고도 복잡한 문제이다. 자국 화폐로 전환한다 해도 유로화 표시 부채는 사라지지 않는다. 통화의 불안정성도 다시 문제로 떠오를 것이다. 해외 투자자들은 자국 통화로 투자하기를 꺼려하고 금리는 치솟게 된다. 이는 결코 만병통치약이 아니다(다음 장에서 더 자세히 설명할 것이다).

유럽의 지도자들은 유로화 지역의 경제 위기 탈출을 위해 몇몇 어려움을 겪고 있는 국가들의 부채를 공동으로 떠맡는 방안을 논의하였다. 그러나 이는 정치적으로 위험한 조치다. 예를 들어 독일 국민들은 다른 나라의 부채를 구제하는 방안을 탐탁지 않게 여길 것이다. 이것은 정치 지도자들에게 큰 부담이 된다.

도덕적 해이도 또 하나의 문제다. 유로 지역이 부채를 공동으로 책임진다는 것은 문제를 발생시킨 원흉인 잘못된 재정 관리 관행을 부추기는 것이나 마찬가지이기 때문이다.

유로화를 사용하는 국가들의 불만

약 10년 전에 탄생한 유로화는 큰 성공을 거두어 왔다. 처음에는 11개 회원국으로 출범하여 2009년 현재 16개 회원국으로 확장되었으며 가입을 기다리는 국가들도 있다. 세계 중앙 은행에서 보유하고 있는 자금의 약 27%는 유로화이다.

세계에서 가장 거대한 시장인 유로화 지역은 공통 통화를 채택함으로써 국가간 상업에 막대한 비용을 발생시키는 환율의 급격한 변동 및 이와 연관된 경제적인 불안정 요소를 완전히 제거했다. 유로화를 보유하는 데 따른 위험이 낮아지고 한 나라의 통화를 다른 나라의 통화로 환전하는 데 소요되는 거래 비용이 사라짐으로써 여행, 교역, 투자가 더욱 용이해졌다. 유럽 전역의 상품과 서비스 가격은 보다 비교하기 쉬워져 공급업자들의 경쟁이 치열해졌다. 금리가 낮아지고 변동폭도 줄어들었다. 회원국들은 훨씬 쉽게 유로화로 부채를 발행할 수 있게 되었다

해외 투자자들도 규모, 정치적인 안정성, 올바른 통화 정책 등의 이유로 유로권 지역을 선호하게 되었다. 국가 간 거래도 활발해져서 회원국들은 많은 혜택을 입었다.

그러나 최근 유로화 지역 내에서 균열이 생기고 있다. 그러한 징조는 채권 시장에서 나타나고 있다. 단일 정부가 관리하는 미 달러화와 달리 유로 통화권에는 16개의 정부가 각각 유로화 표시 채권을 발행하고 있다. 또한 정부 채권의 등급도 각기 다르다. 이탈리아, 아일랜드, 그리스, 포르투갈, 스페인에서 발행한 채권의 수익률에 따른 가산금리가 독일 채권에 비해 엄청나게 치솟아 이 5개국 정부의 방만한 지출 실태를 잘 나타내주고 있다.

유로 통화권에 가입하기 위해서는 모든 나라가 마스트리히트 조약(Maastricht Treaty, 1991년 EC를 EU로 개칭한 조약-역주)에서 합의한 엄격한 기준을 충족해야 한다. 예를 들어 재정 적자가 GDP의 3%를 초과해서는 안되며 물가 상승률도 적절한 수준이어야 한다. 또한 임금 제한을 두고 상품 및 노동 시장 개혁을 단행해야 한다.

일단 어떤 국가가 유로 통화권에 가입하면 당분간은 유로화의 영향을 받아 다양한 변화가 일어난다. 유로화의 낮은 금리 덕분에 신용 붐이 일어나고 스페인과 아일랜드에서는 부동산 거품이 형성되었다. 곧 재정 규제가 느슨해지고 재정 적자는 눈덩이처럼 불어났다.

회원국들 사이의 상대적인 경쟁력에도 차이가 생기기 시작했다. OECD의 자료에 따르면 독일의 상대적 경쟁력은 1999년 이후 10% 성장한 반면, 이탈리아는 40% 하락했다.

지난 10년간의 경상 수지도 비슷한 추이를 보여준다. 유로화 지역이 탄생하기 전에 독일의 경상 수지 적자는 GDP의 0.8%였다. 현재는 흑자로 전환되어 2008년에 6.8% 흑자를 기록한 바 있다. 반면 대부분 다른 나라의 경상 수지는 악화되었다. 이탈리아, 아일랜드, 그리스, 스페인의 경우 흑자에서 적자로 돌아섰다.

적자를 기록하고 있는 국가들은 더욱 지출을 늘렸다. 유로화 출범 이후 자국 통화를 절하하여 수출을 장려할 수 없게 되었으므로, 지출을 늘리면 어려움을 겪고 있는 국가들 사이의 경쟁이 치열해지고 생산성이 향상될 수 있지 않을까 하는 바람에서였다.

그러나 기대와는 반대로 이러한 국가들은 유로의 상대적인 안전성을 믿고 나태해진 나머지 재정 절제력을 잃었다. 생산성 향상을 노동 비용으로 나눈 단위 노동 비용(Unit-labor Cost, 상품 한 단위를 생산하는 데 소요되는 인건비-역주)은 10% 이상 증가했다. 경쟁력 약화와 늘어가는 경상 수지 적자로 경제 성장이 느려지고 실업률이 올라갔다.

앞 장에서도 잠시 언급했지만, 적자를 기록하고 있는 국가들에게 남은 한 가지 대안은 경제 규모를 줄여 소비와 수입의 수요를 억누르는 것이다. 그러나 현재와 같은 상황에서 이런 국가들은 정치적으로 실업률이 더욱 높아지는 것을 용납할 수 없다. 이미 실업률이 10%를 넘어서거나 그에 근접하고 있는 상황이기 때문이다.

그렇다면 남은 마지막 대안은 유로화 연합에서 탈퇴하고 자국 통화로 돌아가는 것이다. 자국 통화를 사용하면 화폐를 발행하여 통화의 가치를 떨어뜨릴 수 있으므로 국제 시장에서 경쟁력을 확보할 수 있다.

그러나 자국 통화로 복귀하는 것은 매우 어렵고 복잡한 문제다. 유로화 표시 부채는 채무 불능 상태에 빠질 수 있다. 통화의 불안정성도 다시 시작된다. 해외 투자자들은 현지 통화로 투자하기를 꺼리고 금리도 다시 올라간다. 지금과 같이 투자자들이 안전한 투자처를 찾고 있는 시기에 부채 수준이 높고 거시 경제 경영 능력이 부족한 이러한 국가들은 국제 신용 시장에서 외면당할 수도 있다.

세계적인 경기 위축은 당분간 지속될 것으로 보이고 회복은 서서히 진행될 전망이다. 이러한 상황에서 심각하게 와해된 유로화 지역을 하나로 묶을 좋은 해결책은 보이지 않는다.

일부 전문가들은 궁극적으로는 유로화가 국제 기축통화로서 달러화를 대체하게 될 것이라고 한다. 그러나 이는 가능성이 매우 낮다. 달러화는 국제 기축통화의 약 2/3를 차지하고 있다. 유로 지역 내에서도 교역의 약 1/3은 달러화로 거래된다.

달러화를 발행하는 곳은 미국 정부 한 곳뿐이므로 미국은 달러화를 무한대로 찍어낼 수 있다. 반면 유로 지역 내에서는 16개의 정부가 다양한 종류의 채권을 발행한다. 따라서 유로화는 미국 재무부의 폭과 깊이를 따라잡을 수 없다. 중국이 3조 달러가 넘는 미 재무부 채권을 보유하고 있는 것도 놀랄 일은 아니다.

영국 - 유럽의 환자

한 때 영국은 '유럽의 환자'라는 말을 들었다. 영국은 전 세계 선진국 중 가장 심각한 주택 거품 사태를 겪었다. 미국과 마찬가지로 지나치게 방만한 신용 대출 때문에 부동산 붐이 일어났던 것이다. 이제 거품이 꺼지고 영국 경제는 최근 30년을 통틀어 최악의 경기 위축에 빠졌다.

영국의 경제는 거의 16년 동안 호황을 누렸다. 그러나 이러한 번영도 대부분 빚으로 쌓아 올린 것이었다. 민간 부문과 공공 부문에 모두 막대한 양의 대출이 축적되었다. 예를 들어 거품의 최절정기에는 주택 담보 대출을 포함한 일반 가정의 빚이 수입의 185%까지 치솟아 오르기도 했다. 경제가 위축 상태에 들어간 지금 이 비율은 더욱 높아졌다.

부동산 업계는 큰 타격을 입었다. 상업용 부동산도 마찬가지로 어려움에 빠졌고 주거용과 비주거용 부동산의 가격이 모두 급격하게 하락했다. 대출업자와 고객 모두 심각한 재정난을 겪었다.

실업률이 올라가고 부채 부담이 심각해지자 소비자들이 빚을 갚지 못하는 현상이 벌어졌다. 금융 기관들은 디레버리징(Deleveraging, 무리한 차입투자를 정리하는 것-역주)을 통해 부실 대출을 줄이려고 노력했다. 소비자들도 마찬가지였다. 신규 대출은 거의 이루어지지 않았다.

경제의 위축 속도는 점점 빨라졌고 실업률은 두 자리 수에 육박하게 되었다. 소비자 지출은 약세를 보이며 금융 및 주택 시장의 불황을 반영하고 있다. 신용 대출을 사용할 수 없는 상태에서 소비자들은 지출을 늘릴 수가 없다. 부동산 및 주식 가격이 하락하면 재산 가치도 하락하므로 소비자들의 구매력이 떨어지게 된다.

기업들도 공장, 설비, 재고에 지출을 늘릴 입장이 아니다. 세계 경제가 위축기에 들어가면서 상품과 서비스에 대한 수요가 급격히 줄었다. 대출 조건도 까다로워졌으며 기업의 지출 예산도 상당 부분 삭감되었다.

여당인 노동당은 점점 악화되는 경제 및 재정 위기에 대처하기 위해 안간힘을 쏟았다. 우선 구제 금융 프로그램을 도입했다. 위기를 맞고 있는 은행업계를 위해 정부는 대출, 보증 등의 형태로 대규모 자금을 투입했다. 또한 고전하고 있는 자동차 업계를 위해 정부는 수십억 달러의 자금을 지원했다.

하지만 재정 적자의 규모와 기존 부채는 더욱 늘어났다. 세계 금융위기가 시작되기 전부터 영국은 OECD 국가 중 구조적인 재정 적자가 가장 큰 편이었다. 그뿐만 아니라 장부 외(Off-balance Sheet) 대출 보증도 상당히 많다. 앞으로 10년간 대규모의 재정 적자가 예상되는 가운데, 영국의 국가 신용 등급이 떨어지고 금리가 올라가면 재정 상황이 더욱 악화되어 파운드화 가치가 급격히 떨어지지 않을까 하는 우려도 있다.

영국 은행은 점차 악화되어가는 경제 및 금융 문제를 해결하기 위해 여러 가지 조치를 취했다. 우선 금리를 사상 최하 수준인 0.5%로 인하했다. 미국의 연방 준비 위원회를 따라 영국 중앙 은행도 '양적 완화' 프로그램을 도입했다. 새로운 화폐를 발행하여 정부 및 사설 증권을 매입했다. 영국 중앙 은행은 경제에 투입된 새로운 자금이 경제 활동을 촉진시켜주기를 기대하고 있다.

금융 부분의 지속되는 부진한 실적, 더욱 하락하는 주택 가격, 심화되는 세계 경제 위기는 적어도 2009년 내내 영국 경제의 발목을 잡을 것이다. 미국과 마찬가지로 적극적인 통화 완화 정책과 함께 재정 부양책을 추진하면 2010년 즈음에는 경제 회복이 가시화될 것이다. 실업률은 경제가 바닥을 치고 올라오기 시작한 후에도 계속 올라갈 전망이다.

암울한 경제 상황 속에서도 몇 가지 긍정적인 요소는 있다. 영국 파운드화가 크게 절하되면서 수출 여건이 개선된 것이다. 그러나 세계 경제 위축 때문에 전 세계적인 무역 거래도 둔화되었다. 그 결과 전반적인 수출 실적은 떨어졌으나 이윤 폭은 상승했다. 대출 비용을 낮추고 양적 완화 프로그램을 도입하며 소비세를 줄이는 등 정부의 추가적인 조치는 경제 회복을 도울 것으로 예상된다.

파운드화의 가치는 계속 하락한 상태로 유지될 가능성이 크다. 여러 해 동안 파운드화는 영국의 경제 거품을 바탕으로 지나치게 절상되어 있었다. 최근에는 향후 암울한 경제 전망 때문에 자금이 해외로 유출되고 있는 상황이다. 해외 투자자들이 다시 영국에 투자하기까지는 상당한 시간이 걸릴 것이다. 이제 파운드화의 가치는 정상적인 수준에 근접했다.

장기적으로 볼 때 영국의 잠재적인 경제 성장률은 줄어들 것이다. 더 이상 금융 서비스 산업이 무한정 경제 성장을 견인할 수는 없다. 아니, 오히려 반대로 금융 서비스 분야가 당분간 경제 발전의 걸림돌이 될 가능성도 있다. 더딘 경제 성장, 까다로운 신용 조건, 부진한 수출은 투자에 타격을 주게 될 것이다.

일본 - 또 한 번의 잃어버린 10년?

세계 제2의 경제 대국인 일본의 경우 정치적인 상황과 경제적인 상황이 모두 밝지 않다. 지난 2년간 무려 5명의 총리가 취임했으며 정치적인 혼란은 경제에 악영향을 미치고 있다.

10년 동안의 경기 침체에서 빠져 나온 후, 일본 경제가 몇 년간 견실한 성장을 이루어왔다는 점에서 이는 매우 큰 변화이다. 지금 와서 생각해보면 그간 일본 경제의 번영은 무엇보다 대미·대중 수출이 큰 폭으로 증가한 데 힘입은 바 크다. 미국 소비자들의 엄청난 소비 덕분에 대미 수출이 급격하게 증가했고 중국은 대미 수출용 제품을 생산하기 위해 대량의 기계와 관련 상품을 일본에서 수입해야 했다. 미국 소비자들의 지출이 둔화되자 일본의 수출 실적도 크게 나빠지기 시작했다.

일본 경제에 타격을 준 것은 미국의 경기 둔화뿐만이 아니다. 독일에서 브라질까지 세계적인 경기 위축이 발생하여 일본 경제에 부정적인 영향을 미쳤다. 세계 경제 위기가 가까운 시일 내에 막을 내리고 일본 경제가 다시 탄력을 받게 될 가능성은 극히 미미하다.

일본 국내 수요도 벌써 상당 기간 동안 경제 성장의 원동력 역할을 하지 못하고 있다. 잃어버린 10년을 겪으면서 일본 근로자들의 임금은 상당히 낮은 수준에 머물러 있었기 때문에 소비자들은 지출을 늘릴 여유가 없었다. 자본을 포함한 모든 지출이 수출과 연관되어 있었으며 수출과 관련 없는 국내 소비는 꾸준히 강세를 보이지 못했다.

또한 미국 및 일부 유럽 국가들과 달리 일본에는 경제를 과열시키는 주택 거품이 형성되지 않았다. 일본의 여러 대기업은 수만 명의 직원을 감원하는 구조 조정을 단행했다. 자동차 수출은 일본 수출의 약 20%를 차지한다. 이러한 산업들의 수출이 주춤하면서 일본 경제는 기댈 곳을 잃어버렸다. 이것이 미국을 포함한 다른 선진국보다 일본 경제가 더욱 빠르게 위축한 이유다.

세계적인 경기 위축뿐만 아니라 엔화 강세도 수출에 큰 타격을 주었다. 세계적인 금융위기 속에서 엔화는 미 달러화와 함께 가장 안전한 기축통화였다. 따라서 엔화는 상승할 수밖에 없었다.

경기 위축의 심각성을 인식한 일본 정부는 2008년 8월부터 세 가지 경기 부양책을 순차적으로 도입했다.

일본 중앙 은행은 경제의 디플레이션 경향에 맞서 싸우느라 여념이 없었다. 우선 2008년 말에 금리를 0.3%에서 0.1%로 인하했다. 뿐만 아니라 '양적 완화 프로그램'을 다시 추진하여 정부 채권, 상업용 어음 및 기업 채권을 매입하기로 했다.

소위 '엔 캐리 트레이드(Yen-carry Trade, 일본의 낮은 금리를 활용해 엔화를 빌려 제3국에 투자하는 금융 거래-역주)'는 예전에 일본 엔화 가치가 왜 낮았는지, 그리고 최근에 왜 강세를 보이고 있는지 잘 설명해준다.

엔화 가치의 전환점은 2008년 여름 무렵이었다. 그 전에는 일본의 금리가 0에 가까웠던 반면 미국, 호주, 한국 등과 같은 다른 국가들의 금리는 훨씬 높았다. 영리한 투자자들은 매우 낮은 이자율에 엔화를 빌려서 일본 국외의 금리가 높은 상품에 투자했다. 즉 일본과 다른 나라의 금리 차이를 활용했던 것이다. 이 과정에서 환율의 변동이 생겼다. 예를 들어 엔화가 한국 원화로 전환되면 엔화의 가치는 떨어지고 원화가 강세를 보인다.

그러나 2008년 여름에 금융위기가 세계 경제에 부정적인 영향을 미치고 있다는 점이 분명해지자 미국과 유럽의 중앙 은행들은 금리를 인하하기 시작했다. 2008년 12월에 연방 준비 위원회는 금리를 0으로 인하했고 다른 나라의 중앙 은행들도 이와 비슷한 조치를 취했다. 일본과 다른 국가 간의 금리차는 사라지기 시작했다.

이렇게 되자 엔화를 빌려 해외에 투자하던 차익 거래 전문가들은 일본에 대출금을 상환하기 시작했다. 그 과정은 다음과 같다. 미국, 한국 등에 투자한 자산을 매각하여 그 돈을 일본 엔화로 환전한 후 일본의 엔화 표시 대출금을 갚는 형태이다. 그 과정에서 원화의 가치는 떨어졌고 엔화의 가치는 올라가게 되었다.

그렇다면 '엔 캐리 트레이드'의 역류 현상이 얼마나 지속될까? 외환 시장의 많은 전문가들은 거의 끝이 보이고 있다고 믿는다. 현재 엔화 가치는 지나치게 높게 평가되어 있지 않다는 것이 중론이다. 예전에는 엔 캐리 트레이드 때문에 엔화의 가치가 지나치게 낮았다. 하지만 지금은 엔 캐리 트레이드의 역류 현상으로 엔화의 시장 가치가 적절한 수준에서 형성되고 있다는 것이다.

일본 국내 경제는 잃어버린 10년 이후 크게 성장한 적이 없다. 엔화가 강세를 보이면서 일본의 제조업체들은 미국과 유럽의 경제 성장에 동참하지 못할 것이다. 일본 경제는 앞으로도 상당 기간 동안 정체 상태에 머물 가능성이 크다.

다시 디플레이션이 발생할 가능성이 있다는 것도 우려되는 사항이다. 1990년대에 일본은 몇 번의 디플레이션을 겪었고 그것이 얼마나 고통스러운지 직접 체험했다. 일본은 디플레이션 가능성을 완전히 털어버린 적이 결코 없다. 세계 경제 침체와 물가 하락은 일본의 디플레이션 추세에 더욱 힘을 싣고 있다. 이러한 환경에서는 기업들도 구매력을 발휘하지 못한다.

사면초가에 빠진 일본

일본이 현재 직면하고 있는 고령화, 국채 등의 몇 가지 시한폭탄과 같은 문제에 비하면 잃어버린 10년은 오히려 큰 문제가 아니라고 할 수 있다.

유럽부터 일본에 이르기까지 많은 선진국에서는 출산율이 점차 감소하고 있으며 인구는 고령화되고 있다. 그러나 일본은 다른 국가들보다 문제가 훨씬 심각하다. 출산율 감소와 고령화가 합쳐진 것을 '대규모 노동력 감소(Big Shrink)' 현상이라 부른다.

일본의 출산율은 고작 1.37에 지나지 않는다. 인구가 안정적으로 유지되려면 출산율이 최소한 2.07 이상 되어야 한다. 가까운 시일 내에 일본의 출산율이 2에 접근할 가능성은 크지 않다. 일본 정부는 한 명 이상 자녀를 두는 가정에 경제적 지원을 제공하는 형태로 출산을 장려하고 있지만 현재까지 이러한 노력은 큰 결실을 맺지 못하고 있다.

인구의 고령화는 국가의 '대규모 노동력 감소' 문제를 더욱 심화시킨다. 일본 인구 문제 연구소(National Institute of Population)에 따르면 일본의 인구는 2055년까지 30%가 감소하며 65세 이하 노동력은 50% 감소할 것이라고 한다. 이러한 '대규모 노동력 감소' 현상은 여러 가지 심각한 경제적 문제를 야기한다. 경제가 성장하기 위해서는 노동력과 자본이 필요하다.

노동력이 감소하면 잠재적인 경제 성장률이 떨어진다. 일본에서는 경제학자들이 사회적으로 민감한 문제인 이민을 논의한 바 있으며 심지어는 로봇으로 '대규모 노동력 감소' 현상에 대응하자는 주장도 나오고 있다. 그러는 동안에도 인구는 계속 줄어들고 있으며 그에 따라 경제도 타격을 입고 있다.

일정 부분 '대규모 노동력 감소' 때문에 OECD는 일본의 재정 적자가 2007년의 GDP 대비 3%에서 2010년에는 10%까지 치솟을 것으로 예상한다. 또한 이미 OECD 국가 중에서 최대를 기록하고 있는 정부 부채도 GDP의 200%로 뛰어오를 것이다. 이렇게 높은 부채 비율을 기록하는 것은 제2차 세계대전 이후 처음이다.

일본 금융 부문에서 한가지 긍정적인 측면은 재정 적자를 메우기 위해 수십억 달러의 자금을 대출해 온 미국과 달리 일본은 자체 저축률이 매우 높다는 것이다. 현재로서는 재정 적자를 만회하고도 남을 충분한 자금을 보유하고 있다. 그러나 부채 비율이 200%에 육박하고 인구까지 줄어든다면 일본도 더 이상 저축된 자금으로 적자를 만회할 수는 없을 것이다.

일본의 장기적인 경제 전망은 매우 어둡다. 결국 이렇게 사면초가에 빠지게 될 국가는 일본뿐만이 아니다. 점점 더 많은 국가가 일본과 같은 문제를 안게 될 것이다. 따라서 다른 국가들은 일본의 상황을 예의주시하여 앞으로 다가올 일을 예측해볼 수 있을 것이다.

중국 경제의 자산 거품

중국의 지도자 덩샤오핑(Deng Shao-ping)이 중국의 문호를 세계에 개방한 이래 30년이 흘렀다. 그 30년간 중국 경제는 빠르게 성장하여 미국과 일본에 이어 세계 3위 경제국으로 올라섰다. 최근 5년간 중국 경제는 연간 최소 10% 이상의 성장률을 기록했다. 일본 경제가 고전을 면치 못하고 있는 상태에서 일부 경제학자들은 10년 내에 중국이 세계 2위의 경제 대국으로 도약할 것이라고 예측한다.

이러한 눈부신 경제 발전은 필자가 1980년대 중국을 방문했을 당시 전혀 상상도 하지 못하던 일이었다. 필자를 포함한 여섯 명의 미국인이 중국 측의 초대를 받아 중국 남부의 광동성부터 외몽고 지역까지 시찰을 했다. 베이징이나 상하이와 같은 대도시를 벗어난 시골의 경제 사정은 매우 원시적인 수준이었다. 관광지의 기념품점에서는 일본에서 만든 흑백 텔레비전을 팔고 있었다. 일부 수입품을 제외하면 여행객들이 살 것은 많지 않았다.

심지어 베이징에서조차 주요 교통 수단은 자전거였고 자가용이라는 것을 들어보지도 못한 사람도 많았다. 사설 기업은 존재하지 않았다. 오후에는 택시를 잡기도 힘들었다. 정부의 월급을 받는 택시 운전기사들은 느긋하게 점심을 먹은 후 바로 퇴근해버렸다. 의무적으로 정해진 시간 외에 일을 할 이유가 없었다.

벼농사를 짓는 농부들 역시 열심히 일을 해봐야 얻을 것은 하나도 없었다. 국영 농장에서 일을 하는 농부들은 최소 시간만 채우고 집에 가버렸다. 이런 상황에서 식량 생산 부족으로 굶주림이 큰 문제가 된 것은 놀랄 일이 아니다.

20년 전의 천안문 사태는 이러한 환경에서 중국인들이 느끼는 좌절감을 잘 보여주었다. 정부는 탄압을 가하고 경제는 형편없었다. 생활 수준도 떨어지고 있었다. 천안문 사태 이후, 서구 전문가들은 구 소련을 비롯한 다른 공산국가와 마찬가지로 중국 공산당도 무너지리라 예측했다.

중국 정부는 무너진 다른 공산 정권들의 사례를 연구한 후 정치와 경제의 분리를 결정했다. 성과급을 허용하고 몇몇 자유 기업 형태를 도입함으로써 경제는 자유화되었다. 덩샤오핑은 "쥐만 잘 잡는다면 고양이가 무슨 색인지는 문제가 되지 않는다"라는 발언을 한 바 있다.

중국의 경제 자유화는 미국의 소비 붐과 맞물렸다. 1980년대부터 미국의 소비자들은 신용 대출을 받아 엄청난 소비를 했다. 30년간에 걸쳐 지속적으로 대출을 받아 소비를 하다 보니 저축률은 마이너스로 떨어졌다. 미국은 중국을 비롯한 다른 국가에서 상당한 돈을 끌어와야 했다.

경제 자유화와 미국 소비자들 덕분에 중국은 수년간 두 자리 수의 경제 성장을 기록했고 경제 강국으로 당당히 자리매김했다. 이러한 성장 추세는 아직 멈추지 않았다.

경제는 자유화되었지만 정치적인 탄압은 심화되었다. 공산당에 반하는 의견은 용납되지 않았다. 천안문 사태는 공산당이 지나친 관용을 베풀어서 생긴 결과라는 인식이 팽배했다. 따라서 공산당은 엄격한 단속을 실시했다. 해외에서 바라보기에 중국 정부는 일사분란하게 제 기능을 하고 있는 것처럼 보였다.

이제 중국의 중산층은 점점 늘어나고 있다. 대부분의 중국인들은 점점 높아지는 생활 수준에 적응해가고 있다. 경제가 계속해서 성장하고 번영이 지속되는 한 중국인들은 공산당이 일상 생활에 깊숙이 개입하는 데 대해 큰 불만을 갖지 않는다.

중국에서는 경제 성장의 매직 넘버가 8%다. 새롭게 노동 시장으로 합류하는 사람들에게 충분한 일자리를 제공하기 위해서는 매년 적어도 8%의 경제 성장을 기록해야 한다. 중국에서 매년 대학을 졸업하는 사회 초년생은 약 600만 명에 달한다. 뿐만 아니라 농장에서 일하던 수백만 명의 사람들도 도시로 몰려와 일자리를 찾고 있다.

전 세계를 휩쓴 경제 위기가 중국 경제에도 영향을 미쳤다. 또한 과거 중국 경제 성장의 주요 원동력이었던 수출 실적도 떨어지고 있다. 실업률이 높아지면서 중국 전역에 걸쳐 간헐적인 시위가 벌어지고 있다. 공산당에게는 사회적 안정보다 더 중요한 것은 없다.

지난 25년간 중국 경제 성장의 견인차 역할을 해왔던 수출이 이제는 경제 성장의 걸림돌이 되고 있다. GDP 대비 수출 비율은 2002년의 38%에서 2007에는 67%까지 뛰어오른 바 있다. 수입은 수출보다 더욱 빠른 속도로 줄어들고 있다. 수출 및 국내 소비를 위한 제품을 생산하는 데 필요한 원자재의 수요가 줄어들었기 때문이다.

해외 주문이 줄어들면서 중국 전역의 공장들은 큰 어려움을 겪었다. 광둥성의 해안가 마을에 있는 수백 개의 장난감 제조업체들이 파산했다. 소비자 지출이 둔화되면서 철강부터 에어컨에 이르기까지 다양한 공장들이 문을 닫았다.

고전하는 수출 분야뿐만 아니라 부동산 시장의 경기 하락도 중국의 경제 위기를 만든 요인 중 하나였다. 물론 중국의 부동산 업계는 미국이나 영국 정도의 심한 거품이 형성되지는 않았다. 그럼에도 불구하고 부동산 업계에 불황이 오자 목재부터 유리에 이르는 수많은 건축 자재의 수요가 줄어들었었다.

부동산 업계가 불황에 빠진 원인 중 하나는 정부 정책이었었다. 주택 시장의 과열을 우려한 나머지 중국 정부는 주택 대출부터 인가에 이르기까지 모든 것에 제동을 걸었었다. 뒤늦게나마 정부는 부동산 시장이 경제 성장에 있어 얼마나 중요한 분야인지 깨달은 것 같다.

중국의 공식적인 실업률은 약 4%이지만 실질적인 실업률은 훨씬 높아 10%에 달할 수도 있다. 중국의 시골에서 도시로 올라온 2,000만 명이 넘는 이주민들이 직장을 잃었다. 이중 상당수가 고향으로 돌아가 수입 없이 빈둥대고 있다. 앞에서 지적한 대로 그 외에도 매년 수백만 명에 달하는 대학 졸업생들이 부푼 희망과 기대를 품고 직업 전선에 뛰어들고 있다.

중국은 미국, 일본, 유럽과 달리 자산가치 하락 효과가 크지 않다. 주식 가격의 하락은 일반 가정에 그다지 큰 영향을 미치지 않았다. 중국에서 민간 부문이 보유하고 있는 주식은 1/3도 되지 않는다. 정부가 관리하는 기관들이 나머지 2/3 이상을 보유하고 있다. 최근 몇 달 간 중국 주식 시장은 두 자리수의 상승을 기록했다. 부동산 분야는 현재의 경제 위기로 부정적인 영향을 받았지만 주거용 집값은 오히려 상승했다.

중국 정부의 자본 통제 때문에 은행 업계는 해외 은행의 위험 자산으로부터 그다지 큰 타격을 받지 않았다. 중국의 은행들은 자본 포지션이 높기 때문에 대출이 가능한 상태다. 예전에는 정부가 정책적으로 은행 대출을 제한했으나 경제가 위축 기미를 보이면서 이 조치는 철회되었다. 그 이후 은행 대출은 빠르게 증가했다.

그럼에도 불구하고 중국 정부는 실업률이 높아지면서 국민들 사이에 불만과 불안 심리가 높아져 공산당이 국가를 통치하는 데 어려움을 겪지 않을까 우려한다. 따라서 중국 정부는 태도를 180도 바꿔 여러 가지 경기 부양 정책을 추진하기 시작했다.

2008년 11월, 중국 정부는 5,450억 달러 규모의 경기 부양 프로그램을 발표했다. 이 프로그램은 몇 가지 면에서 주목할 만하다. 우선 중국이 이러한 경기 부양 프로그램을 추진한 거의 첫 번째 국가들 중 하나라는 점이다. 또한 프로그램의 규모도 연간 GDP의 5~7%에 달하는 대규모였다.

대부분의 자금은 철도, 공항, 환경, 저렴한 주택 제공 등의 인프라 구축 프로젝트에 할당되었다. 쓰촨성(Sichuan)의 대지진 이후 중국 중앙 정부와 지역 정부 모두 수백억 달러를 투입하여 무너진

교통 및 에너지(Transport and Power) 45%

지진 복구(Earthquake) 25%

시골 지역 인프라 구축(Rural Infra) 9%

환경(Environment) 9%

공공 주택(Public Housing) 7%

기타 5%

인프라를 수리하고 재건하겠다고 약속했다. 현재 쓰촨성에는 특히 많은 자금이 투입되고 있다.

중국 정부는 의료보험과 사회 보장 프로그램이 절실히 필요한데도 대부분의 자금을 인프라 구축에 할당한 것에 대해 많은 비난을 받았다. 결국 중국 정부는 의료보험과 소비자 지출에 수천억 달러를 추가로 투입하겠다고 약속했다. 냉장고, 텔레비전, 기타 가전제품과 같은 소비재의 판매를 촉진시키기 위해 정부는 리베이트 프로그램을 도입했다.

한편 중앙 은행은 적극적인 재정 완화 정책을 실시하여 은행의 대출 규모를 늘리도록 지시했다. 정부가 통제하는 금리는 여러 번 인하되었고 은행 유동성 자금에 대한 통제도 완화되었다. 신규 대출은 2008년에 비해 2배 증가했으며 자금 공급은 미국의 3배가 되었다.

대부분의 대출은 국영 은행에서 국영 기업으로 이루어졌다. 그 결과 엄청난 규모의 자금이 자본 집약형 프로젝트보다는 재고를 쌓는 데 사용되었다. 이러한 과도한 유동성 자금이 부동산 및 주식 시장으로 흘러 들어가 또 다른 자산 거품이 형성될 위험성도 있다.

또 이전보다 낮은 금리로 더욱 많은 돈을 대출할 수 있게 되었고 자산을 구매할 때 계약금 조건도 완화되었다. 부동산을 2년 이상 보유하면 세금 감면 혜택도 받을 수 있게 되었다. 한편 정부는 더욱 많은 공공주택을 건설하기로 결정했다.

정부의 경기 부양 프로그램은 소비를 촉진시키지만 한계도 있다. 중국의 저축률은 세계에서 가장 높은 수준이다. 일부 경제학자들은 중국의 저축률이 GDP의 40%에 근접하여 약 10%의 경상 수지 흑자를 낼 것으로 내다보고 있다. 이는 다른 어느 선진국보다도 높은

중국의 경제 전망

	2006	2007	2008	2009	2010
경제성장률(%)	11.6	13.0	9.0	8.0	8.5
물가 상승률(%)	2.8	6.7	1.2	0.5	1.5
재정 수지(GDP 대비 %)	−0.8	0.6	−0.7	−5.5	−4.5
자본계정 수지(10억 달러)	253.3	371.8	426.1	338.5	285.0

*2009, 2010년은 예상 수치

수치다.

근검절약하는 중국인들이 정부로부터 받은 여분의 돈을 지출할 가능성은 그리 크지 않다. 그보다는 현금을 은행 계좌에 넣어둘 것이다. 중국의 저축률이 높은 또 하나의 이유는 의료 보험을 비롯한 사회 안전망이 잘 갖추어져 있지 않기 때문이다. 소비자들이 정부에서 받은 돈을 은행에 저축하는 것을 막기 위해 일본과 대만은 현금 대신 쿠폰을 제공하는 대안을 취하기도 했다. 중국은 아직 이러한 제도를 고려하고 있지 않다.

중국 정부는 또한 지방 정부, 국영 기업, 심지어 민간 기업에도 정리 해고만큼은 가능한 한 절대 피해야 한다는 뜻을 전달했다. 정리 해고가 불가피한 경우에는 해고 인원을 최소한으로 줄여야 한다. 지방 정부의 업무 수행을 평가할 때 고용 안정성 항목을 포함시킴으로써 각 지방 정부는 최대한 정리 해고를 피하기 위해 노력하게 되었다. 또한 실업자들을 위한 취업 훈련 프로그램도 실시하여 다른 곳에서 일자리를 찾을 수 있도록 지원하기 시작했다.

중국 정부는 무엇이든 원하는 것을 얻는다. 2009년과 2010년의 목표 경제 성장률 최소 8%는 무난히 달성할 것으로 보인다. 목표를 달성하기 위해 모든 조치를 취할 것이기 때문이다.

다행히 중국 정부의 재정 상황은 매우 건전하다. 몇 년이나 높은 경제 성장을 기록하면서 중국 정부는 엄청난 규모의 재정 흑자를 비축해 놓았다. 하지만 경제 성장이 둔화되고 경기 부양 프로그램이 이미 발표된 상태에서 예산은 적자로 돌아설 가능성이 크다.

정부는 금리 인하와 추가적인 유동성 자금의 공급 결과로 부동산 시장이 호전되기를 기대하고 있다. 실제로 대규모 경기 부양 프로그램의 결과로 부동산 시장은 회복 기미를 보이고 있다.

일부 정부 관료들은 유동성 자금이 지나치게 많아지는 것에 대해 우려하고 있다. 경제가 예상대로 성장한다면 신용에 대한 통제가 재개될 수 있다. 또한 일각에서는 정부의 재정 상태에 대해 걱정하기도 한다. 중국 정부는 낭비를 줄이기 위해 여러 지출 프로그램을 검토하고 있다. 만약 정부가 경기 부양 프로그램을 줄이기 시작하면 경제 성장이 둔화될 수 있다.

또 하나의 우려 사항은 디플레이션이다. 전년 대비 소비자 물가 지수는 하락했다. 수출과 소비가 급격히 감소하면서 많은 생산 설비가 남아돌게 됨에 따라 인플레이션이 억제되고 있다. 세계 경제가 2010년에 확실한 회복세로 돌아서면 디플레이션 압력은 줄어들 것이다. 오히려 중국은 가벼운 인플레이션을 겪을 수도 있다.

2009년의 세계 경제 위축에도 불구하고 중국은 연착륙에 성공했으며 일시적으로나마 경제 성장을 이룰 수 있었다. 그러나 지속적인 성장 가능 여부는 앞으로 계속 지켜보아야 할 것이다.

평가 절하된 중국 위안화

미국 재무부 장관이 되기 전 인준 청문회에서 팀 가이트너는 중국이 위안화의 가치를 조작하고 있다는 발언을 한 바 있다. 이 발언이 암시하는 바는 수출을 장려하기 위해 위안화의 가치가 인위적으로 평가 절하되어 있다는 뜻이었다. 물론 중국은 이런 비난을 반기지 않았으나 이는 완전히 근거 없는 발언은 아니다.

경제잡지 〈이코노미스트〉에서는 전 세계 빅맥 햄버거의 가격을 확인하여 '빅맥 지수'를 발표한다. 이 지수를 통해 특정 통화가 과대 평가되어 있는지 과소 평가되어 있는지 알 수 있다. 물론 환율의 가치를 평가하는 과학적인 방법은 아니지만 대체적인 기준으로 널리 통용되고 있다.

2009년 2월의 빅맥 지수에 따르면 베이징에서 빅맥이 1.83달러인데 비해 스위스에서는 5.98달러나 한다. 서울에서는 같은 햄버거의 가격이 2.59 달러이다. 〈이코노미스트〉에서는 빅맥의 가격을 기준으로 위안화의 가치가 49% 평가 절하되어 있으며 한국의 원화는 28% 평가 절하되어 있다고 결론지었다. 한편 전 세계에서 빅맥이 가장 비싼 스위스의 스위스 프랑은 75% 과대 평가되어 있다.

2조 달러가 넘는 외환 보유고는 중국의 위안화가 과소 평가되어 있다는 좋은 증거다. 지난 5년간 중국의 무역 흑자는 1조 1,000억 달러에 달한다. 전 세계 경제 위축에도 불구하고 2009~2010년 중국의 수출 흑자는 약 6,000억 달러에 달할 것으로 전망된다.

중국 입장에서 통화의 가치는 경제적으로나 정치적으로나 모두 중요하다. 수출은 경제 성장에서 중요한 부분을 담당한다. 그러므로 많은 일자리가 수출과 연관되어 있다. 따라서 정부는 사회적 동요를 최소화하기 위해 수출 산업을 장려할 수 있는 모든 조치를 취할 것이다. 경제 위기와 맞물려 수천 건의 데모와 시위가 발생하는 상황에서 공산당 정부는 사회적 불안과 불만을 잠재우기 위해 최선을 다할 전망이다.

그러나 사실 거슬러 올라가보면 위안화의 가치가 올라가게 된 책임은 중국에게 있다. 과거에는 위안화가 달러화에 고정되어 있었다. 2005년 7월에 중국 정부는 달러가 아닌 통화 바스켓에 위안화를 연동시키기로 결정했다. 이 조치 이후 위안화는 20%나 절상되었다. 달러화가 유로화 대비 강세를 보이면서 유로화에 대한 위안화의 가치 또한 크게 올라갔다.

이러한 가치 상승에도 불구하고 위안화는 아직 상당히 과소 평가되어 있다. 하지만 현재와 같은 경제 상황에서 중국 정부가 통화의 추가적인 가치 절상을 허용할 가능성은 매우 희박하다.

그러나 앞으로는 위안화의 가치가 더욱 올라가야 한다. 경제 이론에 따르면 중국이나 기타 아시아 국가들과 같은 흑자 국가들은 자국 통화의 가치가 상승하도록 허용하여 수입을 장려하고 수출을 억제해야 한다. 동시에 미국과 같이 만성적인 적자 국가들은 반대 조치를 취해야 한다.

그렇다면 과연 중국이 화폐 가치가 상승하도록 내버려두어 무역 흑자폭을 줄이려고 할까? 답은 '그렇지 않다' 다.

적자 국가에게는 한 가지 선택밖에 없다. 경제의 규모를 줄이고 수입품에 대한 수요를 억제하는 것이다. 그렇게 하면 더욱 많은 상품을 수출할 수 있게 되고 무역 수지가 개선된다. 물론 이것이 최선책은 아니지만 안타깝게도 세계는 현재 이러한 방향으로 나아가고 있다.

중국은 위안화를 세계 주요 통화 중 하나로 키우려는 야심을 가지고 있다. 그러나 그렇게 하기 위해서는 여러 단계를 밟아야 한다. 무엇보다 중국은 정부 정책이 아닌 시장이 통화의 가치를 결정하도록 해야 한다. 자본 통제를 없애고 자금이 중국 국경을 자유롭게 넘나들 수 있도록 허용해야 한다.

가까운 장래에 중국 정부가 위안화의 절상을 허용할 가능성은 지극히 희박하다. 특히 수출이 부진한 현 상황에서 중국 정부는 위안화의 절상에 매우 강경하게 반대하는 입장이다. 더 나아가 중국은 통화 바스켓 대비 위안화의 가치가 상당히 올라갔다고 주장한다. 마지막으로 중국은 디플레이션 현상을 겪고 있다. 위안화가 강세를 보이면 디플레이션 압력은 더욱 커질 것이다.

중국의 외환보유고 투자

중국은 2조 달러가 넘는, 세계에서 가장 많은 외환을 보유하고 있다. 유엔 외교 관계 위원회에서는 중국의 외환 보유고가 2조 3,000억 달러에 육박한다고 보고 있다. 이는 인구 한 명 당 1,600달러 꼴이다. 이러한 엄청난 자금을 어떻게 활용할 것인지는 중국과 전 세계에 있어 매우 중요한 문제이다.

외환 보유고의 대부분은 패니 메이와 프레디 맥을 포함한 미국 정부 채권에 투자한 상태이다. 자금을 투자하는 데는 안전성과 유동성이 가장 중요한 기준이 된다. 현재 추산으로는 중국이 미국 정부 채권만 해도 약 1조 7,000억 달러 상당을 보유하고 있다고 한다. 물론 중국은 제삼자를 통해 채권을 매입하는 경우가 많으므로 정확한 숫자는 파악하기 어렵다.

중국 정부는 미국 정부 채권 이외의 다른 분야에도 눈을 돌려 중국 투자 공사(China Investment Corporation, CIC)라는 국가 기금을 세웠다. CIC는 중국 전체 외환 보유고의 약 10%, 즉 약 2,000억 달러를 할당 받아 위험도가 높으나 수익률이 큰 해외 자산에 투자하기 시작했다.

그러나 현재까지의 투자 결과는 좋지 않다. 비록 최근에 주식 시장이 반등하면서 다소 만회했지만 말이다. 예를 들어 CIC는 미국의 블랙스톤이라는 헤지 펀드에 30억 달러를 투자하여 9.9%의 지분을 인수했다. 그러나 시기가 좋지 않았다. 투자를 한 것은 2007년 6월이었는데, 당시는 주식 시장이 사상 최고가에 근접한 시기였다. 그 이후 펀드의 가치는 크게 떨어져 CIC는 많은 손실을 입었다. 나중에 CIC는 위험성이 높은 투자 금융 분야에 뛰어들어 모건 스탠리에 50억 달러를 투자했다.

중국 내에서 CIC의 방만한 투자는 맹렬한 비판을 받았다. 사실 일반적인 중국인들은 1년에 고작 몇백 달러밖에 벌지 못한다. 그렇게 단기간에 수십억 달러를 잃었다는 사실은 많은 중국인들에게 분노를 불러 일으켰다. 그 돈을 차라리 국내 경제와 사회 발전을 위해 사용하자는 주장이 잇따랐다.

중국 정부는 수익률이 낮은 미국 정부 채권에서 실물 자산 쪽으로 투자를 다각화하기 시작했다. 중국은 2009년 내로 외국 기업을 인수하기 위해 추가적으로 500억 달러를 사용할 수도 있다.

예를 들어 중국의 정유 회사인 시노펙(Sinopec)은 70억 달러로 나이지리아와 쿠르드 산유 지역에 시추권을 가지고 있는 스위스 정유 회사를 인수했다. 또한 중국은 비록 성사시키진 못했지만 GM의 허머(Hummer) 및 오펠(OPEL), 뉴질랜드의 가전제품 제조업체, 그리고 이라크 및 아르헨티나 산유 지역의 상당한 지분을 인수하는 데에도 관심을 보였다.

중국 정부는 또한 막대한 자금력을 동원하여 경제 발전에 필요한 원자재의 공급에도 만전을 기울이고 있다. 중국은 자금 대출을 해주는 조건으로 브라질에 있는 원유 자원을 발굴하기로 브라질과 계약을 맺었다. 또한 아시아, 라틴 아메리카, 그리고 아프리카의 자원이 풍부한 국가들과도 이와 비슷한 계약을 맺은 바 있다. 최근에는 인도네시아 석탄 생산 회사 PT BUMI Resources, 홍콩에 있는 원자재 무역회사 Noble 그룹, 캐나다에 있는 Miner Tech Resources와 대 지분 투자를 협의 중이다.

그러나 중국 기업의 해외 기업 인수가 수월한 것만은 아니다. 강한 반발에 부딪히기도 하기 때문이다. 중국의 알루미늄 제조업체인

치날코(Chinalco)는 약 190억 달러라는 금액으로 영국-호주 탄광
업체인 리오 틴토(Rio Tinto)의 지분 18%를 인수하려고 했다. 그러
나 리오 틴토의 주주들과 정치인들은 치날코가 중국 공산당의 오른
팔이라 주장하며 이 인수안에 강하게 반발하였다.

또한 중국은 유럽의 GM 오펠을 인수하려고 시도했지만 독일 측
의 반대로 무산되었다. 독일에서는 중국이 기업을 인수하여 일자리
를 보전하기보다는 세계 시장에서 경쟁하기 위한 최첨단 자동차 기
술을 획득하는 데 보다 큰 관심이 있지 않나 하는 의구심을 가졌던
것이다.

한국에서도 비슷한 상황이 발생했다. 중국은 한국의 자동차 제조
업체인 쌍용을 인수했다. 그러나 얼마 지나지 않아 중국은 이를 방
치했고 현재 쌍용 자동차는 어려운 처지에 있다. 일부 한국인들은
중국이 쌍용을 인수한 주된 이유가 한국의 최신 자동차 기술을 얻
기 위해서라고 믿는다.

일부 중국인들은 정부가 엄청난 외환 보유고를 단지 투자가 아닌
더욱 중요한 목적에 사용해주기를 바란다. 중국인들은 중국이 국제
금융계에서 더욱 큰 목소리를 내야 한다고 믿는다. 예를 들어 중국
이 IMF에 더욱 큰 기여를 해야 하고 그렇게 함으로써 IMF의 표결
권을 더욱 많이 확보해야 한다고 생각한다. 중국은 한국과 같은 다
른 나라와 스왑 거래를 맺어 아시아 지역에서 영향력을 넓히기 위

해 노력하고 있다.

여러 가지 어려움에도 불구하고 중국은 외국 기업을 인수하는 데 매우 유리한 고지를 점하고 있다. 세계 경제가 어려워짐에 따라 유럽에서 미국에 이르기까지 자산 가격이 크게 떨어졌다. 수많은 가치 있는 자산이 부도 위기에 처해 있으며 즉시 현금 투입이 필요한 상태다.

이런 시점에서 금융 자산에 대한 투자를 선호하는 중동의 몇몇 산유국을 제외하면 수중에 가장 많은 현금을 보유하고 있는 국가는 중국이다. 게다가 중국의 외환 보유고는 1년에 3,000억 달러씩 불어나고 있지 않은가.

중국은 앞으로도 해외에서 더욱 많은 투자 기회를 찾을 것이고 다른 국가들은 중국 기업이 자국 기업을 인수하고 일자리를 제공하는 것에 익숙해져야 할 것이다.

Part 05

한국의
미래를 말하다

월 가에서는 한국의 위험도를
어떻게 평가하는가

전 세계의 투자자들은 정부가 보증한 한국 국채를 보유하고 있다. 2009년 9월 현재, 이러한 채권의 채무 불능 위험에 대비한 프리미엄(보험료)은 5년 만기 채권의 경우 1년에 약 10만 1,000달러다. 미국 국채의 경우 비슷한 조건의 프리미엄은 2만 1,000 달러, 일본 국채의 경우는 4만 2,300달러다.

세계 금융위기가 가장 심각했던 2008년 10월 말 즈음에는 한국 국채의 프리미엄이 69만 9,000달러, 미국 국채는 10만 달러, 일본 국채는 6만 5,000달러까지 치솟았다. 이러한 보험을 '신용 부도 스왑(Credit Default Swap, CDS)'이라고 한다. CDS의 프리미엄은 월 가에서 특정 국가의 위험도를 어떻게 평가하는지 파악할 수 있는 좋은 잣대가 된다.

사설 채권도 CDS 시장에서 보험에 가입할 수 있다. 예를 들어 뱅크 오브 아메리카 채권의 프리미엄은 10만 7,900달러이며 씨티 그룹은 16만 8,660달러이다. 프랑스 은행인 BNP 파리바(BNP Paribas)는 5만 4,460달러에 불과한 낮은 프리미엄을 자랑한다.

그렇다면 월 가에서는 CDS 위험 프리미엄을 어떻게 산출할까? 물론 명확하게 문서화되지는 않지만, 국가의 경우 정치 및 경제적 위험성을 가중 평균하여 CDS 위험 프리미엄이 결정된다. 필리핀과 같은 개발도상국의 경우 정치적 위험도가 전체 위험도의 80%를 차지할 수도 있다. 미국과 같은 선진국의 경우엔 경제적 위험도가 대부분을 차지한다.

한국은 경제적 위험도가 정치적 위험도보다 더 크다. 그러나 여전히 정치적인 위험도도 상당한 부분을 차지하고 있다. 특히 북한이 차지하는 비중이 가장 크다. 월 가에서는 북한의 미사일 실험 및 핵 프로그램에 대한 우려 때문에 정치적 위험도를 높게 보고 있다.

그러나 한국의 국가 위험도에 가장 중요한 부분은 역시 경제다. 한국이 세계 주요 경제국으로 도약했고 지난 수십 년간 엄청난 경제 발전을 이루었다는 사실은 경제적인 위험도를 낮추는 중요한 요소이다.

미국 CDS 프리미엄이 심각한 금융위기와 주택 가격 하락으로 악영향을 입은 반면 한국의 경제적 위험도는 무역 감소로 큰 타격을 입었다. 2008년 동기 대비 수입이 수출보다 빨리 감소하면서 무역수지 적자는 흑자로 돌아섰다. 무역 흑자는 경제 성장을 돕는다. 따라서 2009년 상반기의 GDP는 그 전 분기에 비해 다소 증가했다.

그러나 무역 흑자와 경제 성장이 반드시 CDS 위험도에 긍정적인 영향을 미치는 것은 아니다. OECD는 2010년에 세계 무역 규모가 다시 감소할 것이라고 예상한다. 무역에 크게 의존하고 있는 한국은 다른 국가들보다 더욱 큰 타격을 받을 것이다.

2009년 한국의 수출은 2008년에 비해 감소하였다. 최대 교역 상대국 중 두 나라인 중국과 미국은 예전만큼 한국 상품을 많이 수입하지 않을 것이다. 예를 들어 미국은 10억 달러 수출을 할 때마다 2만 5,000개의 일자리가 생긴다. 한국에서도 수출과 일자리 사이에는 이와 비슷한 관계가 성립할 것이다. 수출과 수입이 모두 줄어들면 경제 성장에는 도움이 될지 모르지만 CDS 위험도 프리미엄은 오히려 올라가게 된다.

일반적으로는 수출의 약세를 국내 소비가 보완해주어야 한다. 그러나 이번만은 그렇지 않다. 소비자 지출은 수출 감소를 만회하지 못할 것이다. 높아지는 실업률, 임금 상승에 대한 압력, 낮은 소비자 신뢰도 및 빠듯한 신용 환경은 모두 소비자 지출에 부정적인 영향을 미친다.

건설, 설비, 물류를 포함한 투자는 국내와 국외에서 모두 수요가 줄어들면서 다른 부문보다 더욱 크게 감소할 것이다. 합리적인 금리에 신용 대출을 얻기가 힘들어진 것도 투자를 가로막는 또 한 가지 요인이다. 소비자 지출도 지지부진하다. 실업률도 쉽사리 호전될 기미가 보이지 않아 더욱 소비자 지출을 가로막고 있다.

세계 금융위기가 발생한 이후 한국 정부가 도입한 경기 부양책은 월 가에서 좋은 반응을 얻고 있다. 경제를 살리기 위해 설정한 추가 경정 예산도 상당한 효과를 거두었다. 경제 정책 입안자들은 한국의 금융 시장을 안정시키기 위해 여러 가지 조치를 취했다. 비록 높은 위험 프리미엄이 붙기는 했지만 일단 정부 보증 채권을 성공적으로 발행할 수 있었다는 사실은 월 가가 한국 정부의 자구 노력을 인정하고 있다는 증거이다.

월 가에서는 대체적으로 한국의 통화 정책에 대해 긍정적인 평가를 내리고 있다. 2008년 10월 이후 중앙 은행은 금리를 여러 번 인하했다. 시장에서는 필요한 경우 한국 은행이 다시 금리를 인하할 수도 있다고 생각한다. 물론 현 시점에서는 경제가 살아나고 인플레이션의 우려가 있기 때문에 금리 인하 가능성이 크지 않고, 인플레이션 걱정 때문에 출구정책을 써서 금리가 인상될 가능성이

한국의 경제 상황 변화

	2005 현재 가격조 원	2006	2007	2008	2009	2010
		변화율(%)				
민간 소비	426.7	4.5	4.5	1.7	-1.1	0.4
정부 소비	114.8	6.2	5.8	3.8	3.8	3.7
총 고정자본 형성	237.2	3.6	4.0	0.6	0.2	1.1
최종 수요	778.8	4.4	4.5	1.7	0.0	1.1
주식 자본 축적	12.6	−0.2	−0.4	0.5	0.0	0.0
총 국내 수요	791.4	4.2	4.1	2.3	0.0	1.1
상품과 서비스의 수출	342.6	11.8	12.1	9.1	6.4	11.3
상품과 서비스의 수입	323.5	11.3	11.9	6.8	2.7	8.3
순 수출	19.1	1.3	1.3	2.1	2.7	3.2
시장 가격에서 GDP	810.5	5.1	5.0	4.2	2.7	4.2
GDP 가격 수정 인자	−	−0.5	1.2	3.6	2.7	0.2
적용 항목						
소비자 물가 지수	−	2.2	2.5	5.0	3.9	2.9
민간 소비 가격 수정 인자	−	2.1	2.6	5.4	3.9	2.9
실업률	−	3.5	3.2	3.2	3.6	3.6
가계 저축률	−	3.4	2.5	3.7	4.2	4.7
총 정부 재정 수지	−	3.6	4.5	4.8	3.8	3.6
경상 수지	−	0.6	0.6	-1.1	0.8	1.0

출처: OECD

더 높다.

그러나 최근의 세계 금융위기와 관련된 불안 요소를 제거하고도 CDS 위험도 프리미엄은 미국의 5배 이상이다. 그렇다면 이러한 차

이를 줄이기 위해 한국은 어떤 조치를 취할 수 있을까?

　월 가의 관점에서 보면 북한은 앞으로도 계속 위험 요소로 남아 있을 것이다. 한국 내에서는 각 정당이 한국의 경제 환경 개선이라는 공통된 목표를 위해 서로 공조하고 있다는 것을 대외에 알릴 필요가 있다. 한편 경제 분야에서는 세계적인 디플레이션 위험이 뚜렷하게 낮아질 때까지 정부가 계속 경기 부양 프로그램을 추진해야 한다. 또한 필요한 경우에는 다시 적극적으로 경기 부양책을 추진할 수 있도록 정부는 만반의 준비를 갖추어야 할 것이다.

　마지막으로 대통령부터 일반 국민에 이르기까지 한국 경제의 문제점인 '투자자와의 관계'를 개선하는 데 보다 주력하고 향후 한국 경제가 어떤 방향으로 나아가기를 원하는지 고려해 보아야 한다. 이는 기업의 투자자 관계 개선 프로그램과 다를 바 없다. 또한 한국은 미국보다 훨씬 높은 프리미엄을 낮추기 위해 구체적인 목표를 세워야 한다.

　이러한 우려에도 불구하고 한국 경제와 금융 시스템은 미국, 유럽, 아시아를 비롯한 대부분의 다른 교역 상대국들보다 훨씬 견실하다. 한국은 세계에서 네 번째로 많은 외환 보유고를 자랑하고 있다. 한국 정부는 달러화 부족 사태에 적절하게 대처할 수 있다는 것을 보여주었다. 중앙 정부는 달러 스왑을 주선했고 공개 입찰을 통해 금융 부문에 달러를 공급했다.

오늘날 많은 선진국 경제의 아킬레스건은 금융 시스템이다. 아시아 금융위기 이후 한국은 금융 규제와 감독을 강화하고 대기업의 부채 부담을 줄였다. 감독 시스템도 금융 감독원 하나로 통합했다. 산발적인 규제 시스템을 가지고 있는 미국은 한국의 사례에서 교훈을 얻을 수 있을 것이다.

한국 경제가 추세를 거슬러 세계 경제보다 빨리 회복되지는 않을 것이다. 세계 금융위기가 더욱 심화되어 실물 경제에 타격을 줄 위험성도 있다. 이러한 경우 한국도 그 여파를 피해갈 수 없을 것이다.

그러나 한국은 어려운 국제 경제 환경에 유연하게 대처하며 대응책을 찾을 수 있다는 것을 잘 보여주었다. 따라서 세계 무대에서의 심화되는 경쟁에도 불구하고 한국은 계속해서 승자의 자리를 지켜나갈 것이다.

수출은 한국 경제 성장의
원동력이 되지 않을 것

과거 약 60년 간 국제 무역은 세계 경제 성장에 크게 이바지하며 많은 개발도상국을 빈곤에서 탈출시켰다. 예를 들어 한국은 무역을 통해 전쟁으로 폐허가 된 나라에서 산업 강국으로 발돋움했다. 라틴 아메리카에서 동남 아시아에 이르는 많은 나라들이 불어나는 무역으로 혜택을 입었다. 다국적 기업들은 여러 나라 사이의 교량 역할을 하며 경제 발전을 촉진시켰다.

세계 경제가 약세를 보이면서 국제 무역이 더 이상 경제 성장의 원동력 역할을 하지 못하고 있다. 일본에서는 수출이 1년 전에 비해 크게 떨어졌다. 중국의 수출도 타격을 입었다. 독일 경제도 당분간 고전이 예상된다. 한국의 경우, 조선, 컴퓨터 칩, 휴대전화 등의 수출이 1년 전에 비해 하락했다. 향후 수출 전망도 특별히 밝아 보이지 않는 상황이다.

수출의 약세가 단순히 주기적인 것으로, 일시적인 약세로 끝나기를 희망해본다. 일단 세계 경제, 특히 미국 경제가 탄력을 받으면 국제 무역도 활기를 되찾아 교역량이 늘어날 수 있다. 그렇게 되면 무역 의존도가 높은 국가들이 다시금 경제 성장 가도를 달릴 수 있다. 한국의 수출은 최저점을 지나 점차 회복 기미를 보이고 있다.

그러나 세계 무역 활동이 앞으로 상당 기간 동안 예전의 활발함을 되찾지 못할 가능성도 크다. 그렇게 되면 일본, 한국, 중국, 독일과 같은 국가들은 더 이상 수출을 경제 성장의 중요 원동력으로 삼을 수 없을 지도 모른다.

현재의 경제 위기가 끝나더라도 향후 몇 년 간은 수출과 수입이 저조한 회복세를 보일 것이라 예상되는 몇 가지 이유가 있다.

가장 중요한 이유는 회복의 특징이다. 역사적으로 볼 때, 현재 우리가 겪고 있는 것과 같은 금융 거품 붕괴 후에는 경제가 더딘 성장세를 보인다. 현재 경기 위축의 원인은 대공황 당시와 매우 유사하다. 금융 시장에 대한 신뢰와 자신감이 무너진 상태에서 세계 경제는 고속 성장을 할 수 없었다. 일자리와 수입이 없는 사람들은 수입

품뿐만 아니라 국내에서 생산된 제품도 살 구매력이 없었다. 국제 무역 규모는 크게 감소되었다.

경제가 어려울 때에는 보호무역주의가 기승을 부린다. 일부 국가들은 관세를 인상하고 비관세 장벽을 도입하여 수입 때문에 일자리가 해외로 유출되는 것을 막아보고자 노력했다. 그러나 결과는 의도한 것과 정반대로 나타났다. 다른 국가들이 고관세에 대해 보복 조치를 취한 것이다. 수출 및 수입과 관련된 일자리는 사라졌다. 이는 모두에게 좋지 않은 상황이다.

보호무역주의가 고개를 들고 있는 것은 비단 미국뿐이 아니다. 러시아, 인도, 베트남과 같은 국가들은 관세를 올렸다. 경기 위축의 고통이 널리 퍼져 쉽사리 사라질 기미가 보이지 않게 되면 일자리 보호라는 명목으로 무역 장벽은 더욱 높아질 것이다. 또한 국가들은 수입을 억제하기 위해 여러 가지 복잡한 절차를 도입하는 등 비무역 장벽도 활용하게 될 것이다.

심각한 경기 위축과 그 뒤에 따르는 부진한 경제 성장, 그리고 보호무역주의의 득세는 국제 무역에 큰 타격을 입힌다.

현재의 경제 위기가 시작되기 전에 미국의 소비자들은 세계 경제 번영을 이끌며 무역을 촉진시켰다. 미국인들이 엄청난 규모로 소비를 하면서 많은 아시아 국가들의 수출 실적은 크게 늘어났다. 캐나다, 브라질, 인도네시아처럼 대미 수출을 지원하는 공급 사슬 내에 있는 국가들도 많은 혜택을 입었다.

미국 소비자들의 엄청난 지출은 막을 내렸다. 얼마 전까지만 해도 마이너스이던 미국의 저축률이 이제는 상승세를 보이고 있다. 앞에서 설명했던 부진한 경제 성장과 높은 실업률이 맞물려 소비자들의 구매력이 크게 떨어졌다. 금융 기관들도 신용 대출을 넉넉하게 해줄 입장이 아니다. 신용 대출이 없이는 지출이 크게 증가하기 어렵다. 주택 자금 대출조차 받기 어렵다. 사실 은행들은 기존의 신용 한도조차도 취소하거나 줄이는 형편이다.

자산 가치 하락도 전 세계적인 소비자 지출에 타격을 준 또 하나의 요인이다. 미국에서는 부동산이나 주식 가격이 100달러 오를 때마다 약 4달러의 소비 촉진 효과가 나타났다. 연구에 따르면 미국 소비자들이 엄청난 지출을 할 수 있었던 것은 자산 가치 상승 때문이었다.

이제 자산 가치가 점점 하락하고 있는 상황이며 이러한 자산 가치 하락은 소비에 장기적인 영향을 미칠 것이다. 외국의 신용 대출 업체들은 미국의 증가하는 소비를 지탱하기 위한 자금을 대주기를 꺼려한다.

저축을 유치하기 위한 은행들의 경쟁은 심화될 것이다. 미국 정부 또한 많은 예금을 받아 점점 불어나는 재정 적자를 충당할 것이다. 민간 부문에서는 크라우드 아웃(Crowd out, 정부 지출이나 조세 감면의 증가가 이자율을 상승시켜 민간소비 및 투자활동을 위축시키는 현상-역주) 현상이 발생할 가능성이 크다.

　거시 경제학적 관점에서 말하자면 국제 무역 흑자는 국제 무역 적자와 일치해야 한다. 과거에는 미국이 주요 적자국으로서 다른 국가의 흑자를 상쇄하는 역할을 했다. 국제 기축통화로서 달러화의 위상 덕분에 미국은 오랜 기간 동안 적자를 유지할 수 있었던 것이다. 미국은 단순히 달러화를 찍어내기만 하면 되었기 때문이다. 국제 무역과 경제 규모가 커지면서 기축통화에 대한 수요가 커지고 미국은 세계 무역에 필요한 모든 달러화를 기꺼이 제공했다.

　그러나 1920년대에 영국이 깨달았던 것처럼 기축통화 역할을 하는 데에는 치러야 할 대가가 있다. 무역 적자는 일정 부분 국가의 구매력, 즉 이 경우에는 미국의 구매력이 흑자 국가로 유출됨을 의미한다. 이러한 구매력 유출이 계속되면 적자 국가의 생산 역량이 점진적으로 떨어진다. 기축통화의 가치가 떨어지면 적자 국가에 인플레이션을 야기한다. 한마디로 기축통화를 가지고 있는 적자 국가는 스태그플레이션에 빠질 수도 있다는 뜻이다.

　브레튼 우즈 회의(Bretton Woods Conference, 1944년 미국 브레튼 우즈에서 개최된 국제 통화 금융 정책 회의-역주)에서 영국은 이러한 기축통화의 책임을 미국에게 떠넘길 수 있었다. 그러나 이제는 미국으로부터 이러한 부담을 떠안을 국가가 없다. 중국 같은 흑자 국가가 전 세계 무역 불균형을 줄이려고 소비를 증가시킬 가능성은 매우 희박하다. 경제학자 케인스(Keynes)가 지적했듯이 '흑자 국가가 칼자루를 쥐고 있는' 셈이다.

앞에서 설명한 모든 요소들이 합쳐지면 향후에도 국제 무역이 부진을 면치 못할 가능성이 크다. 중국이나 한국과 같이 무역 의존도가 높은 국가들은 더 이상 수출이 경제 성장을 이끌어 주리라 기대하기 어렵게 되었다. 무언가 다른 분야가 수출을 대체하여 경제 성장의 원동력 역할을 해주어야 한다.

한국 경제에서 수출에 대한 대안

한국은 국제 무역에 크게 의존하고 있으며 작금의 세계 경기 위축은 한국에 부정적인 영향을 미치고 있다. 세계대전이 끝난 이후 처음으로 세계 경제는 마이너스 성장을 할 것으로 보이고 국제 무역의 규모는 줄어들 것으로 예상된다.

한 국가의 해외 무역 의존도는 수출량과 수입량을 더한 후 이를 GDP로 나누어서 측정한다. 한국은 101%로, 다음 표의 여섯 국가 중 가장 비율이 높다. 한국의 무역 의존 비율은 독일(74%)과 중국(60%)을 뛰어넘는다.

각국의 무역 의존도

	중국	독일	일본	한국	영국	미국
GDP(10억 달러)	4,196	3,665	4,909	858	2,671	14,264
수출(10억 달러)	1,430	1,496	750	435	465	1,289
수입(10억 달러)	1,069	1,222	711	429	637	2,804
수출 초과액(10억 달러)	360	274	39	6	173	795
수출+수입(GDP 대비, %)	60	74	30	101	41	29
수출(GDP 대비, %)	34	41	15	51	17	9

10억 달러 기준(2008)

한국의 주요 수출 품목은 중요도 순으로 조선(10.2%), 석유화학(8.9%), 무선 통신 장비(8.5%), 자동차(8.3%), 반도체(7.8%), 평면 TV(4.4%), 철강(3.8%) 등이다. 이러한 제품에 대한 수요는 경제 성장과 환율에 대단히 민감하다.

미국 경제 성장이 둔화되는 경우 한국의 수출은 두 가지 이유로 타격을 받게 된다. 우선 한국의 직접적인 대미 수출이 줄어든다. 뿐만 아니라 중국을 거치는 간접적인 대미 수출도 줄어든다. 한국의 다른 교역 상대국들이 어려움을 겪으면 한국의 수출 실적도 그에 따라 나빠지게 된다. OECD 국가의 경제 성장률이 1% 하락할 때마다 한국의 수출은 2%씩 하락하기 때문에 한국 경제는 국제 무역 추이에 매우 민감할 수밖에 없다.

한국 경제에서 중요한 역할을 하는 수출이 앞으로 여러 해 동안 부진하다면 그 대안은 무엇일까? 지금과 같은 경제 환경 속에서 한국은 어떻게 경제 성장을 추구해야 하는가? 그 해답은 보다 가까운 데 있다. 정부가 지금보다 더 제한적인 역할을 수행해야 한다.

2000년 경제 위축 당시 도요타 자동차는 경비를 절감하고 기업 전체적으로 생산성을 향상시킬 수 있는 모든 조치를 취하여 전 세계 영업 부문에서 수십 억 달러를 절약했다. 그러나 여기서 멈추지 않았다. 브랜드에 막대한 투자를 하여 실제로 미국을 비롯한 주요 시장에서 광고비를 크게 늘렸다. 도요타는 회사의 장기적인 미래를 위해 투자를 하였던 것이다.

뿐만 아니라 도요타는 고급 자동차 브랜드인 렉서스(Lexus)를 세계 시장에 내놓았다. 많은 사람들이 경기 위축 시기에 누가 그렇게 비싼 차를 살까 하고 고개를 갸웃거렸다. 다행히도 렉서스는 뛰어난 성능과 품질로 큰 성공을 거두었다. 오늘날 렉서스는 세계에서 가장 성공적인 자동차 브랜드 중 하나로, 메르세데스 벤츠 및 BMW와 어깨를 나란히 하고 있다.

또 다른 예로, 스타벅스 커피는 경기 위축 시기에 해외 진출을 감행했다. 미국에서 큰 성공을 거둔 경영 노하우를 살려 전 세계 시장에 브랜드 커피를 팔기로 결정한 것이다. 그러나 스타벅스가 판매하는 것은 단순히 자사의 커피만이 아니었다. 커피와 함께 매장의 분위기까지 묶어서 판매한 것이다. 스타벅스 매장은 손님들이 찾아와 편하게 쉬면서 비슷한 배경을 가진 사람들을 만나는 장소가 되었다. 이제 스타벅스는 맥도날드처럼 전 세계 어디에서나 찾아볼 수 있다.

국제 시장에서 경제 위기는 한편으로 기회이기도 하다. 경제 위축기에는 기업들이 궁여지책으로 새로운 제품과 서비스를 개발해 내고, 이러한 제품과 서비스는 일단 경제가 회복되고 나면 기업의 큰 자산으로 남을 수 있다.

경제가 어려운 시기에는 합작 투자(Joint Venture)가 성행한다. 예전의 경제 위기 때에는 르노(Renault)와 닛산(Nissan)이 성공적으로 합작 투자를 일궈낸 바 있다. 크라이슬러(Chrysler)와 피아트(Fiat)도 곧 합작 투자를 발표할 예정이다. 아메리칸 익스프레스는 신문, TV, 영화에서 여러 번 합작 광고를 내보내기도 했다. 여러 브랜드의 상품을 묶어 광고하고 판매하는 방식으로 기업들은 매출을 늘리고 비용을 줄이며 소비자 충성도를 높일 수 있다.

단적으로 말해 세계 경제의 파이는 당분간 크게 늘어나지 않을 것이다. 따라서 국제 무역도 과거와 같은 급격한 성장세를 보이지는 않을 것이다. 따라서 가장 중요한 것은 뛰어난 제품과 서비스, 그리고 마케팅으로 시장 점유율을 높이는 것이다. 한국의 경우 서비스, 특히 금융 서비스 분야에 큰 기회가 있다 하겠다.

한국 경제 성장의 새로운 기반

한국과 미국 모두 새로운 경제 성장의 원동력을 찾아야 한다. 기존 경제 성장 기반(한국의 경우에는 수출, 미국의 경우에는 금융 서비스와 소비자 지출)이 앞으로는 경제 성장을 주도하지 못하게 될 가능성이 크기 때문이다.

지금까지 설명한 모든 문제 중 가장 중요한 것은 역시 경제 성장이다. '밀물이 밀려들어오면 모든 배가 떠오르게 된다(Rising Tide Raise All Ships)'라는 말이 있다. 견실한 경제 성장을 유지할 수 있다면 한국과 미국이 직면하고 있는 여러 가지 경제적인 문제점들은 개선되거나 사라질 것이다.

경제가 어려우면 일자리, 적자, 부채 등과 관련된 문제가 더욱 심각해진다. 또한 경제 위기는 사회적, 정치적 문제로 연결되기도 한다. 국민들은 주머니 사정에 따라 투표를 하는 경향이 있다. 경제를 잘 운영하지 못했기 때문에 정권이 교체된 국가도 여럿 있다.

그러나 이러한 어려움에도 불구하고 경제 위기가 미래 경제 성장의 초석을 닦는 기회가 될 수도 있다. '위기를 결코 낭비하지 말라'라는 말이 있다. 지금이야말로 정부가 예전에 하지 못했던 정책을 추진할 기회다. 이명박 대통령과 오바마 대통령 모두 자국 경제를 위한 새로운 청사진을 제시했다. 루스벨트 대통령은 정부가 민간 부문에 지나치게 많은 자금을 투입한다는 일각의 비난에도 불구하고 미국 경제를 자신의 새로운 비전에 맞게 탈바꿈시키는 데 대공황을 활용했다.

그렇다면 우리는 어디서부터 시작해야 하는가?

첫 번째 순서는 특별 이익 집단의 보호막을 부수는 것이다. 미국에서는 주택 건설업자, 의사, 노동 조합 등이 강력한 정치적 영향력을 가지고 특별 대우를 받기 때문에 납세자들에게 큰 부담이 된다. 정부는 영향력이 큰 그룹에게 특혜를 주고 있다. 이렇게 되면 경제적 효율성과 성장률이 낮아져 모든 사람들이 고통을 받는다.

한국도 마찬가지로 이익 집단이 경제 성장을 가로막고 있다. 사실 미국에서는 이익 집단의 영향을 받지 않는 것이 거의 불가능에 가깝다. 한국도 이와 마찬가지 상태가 될 수도 있다. 이익 집단의 특권을 빼앗는 것은 정치적으로 매우 힘들다. 그러나 이는 생산성을 높이고 국제 무대에서의 경쟁력을 높이기 위해 반드시 필요한 조치라 하겠다.

그렇다면 한국의 부진한 수출과 미국의 저조한 소비자 지출 및 금융 서비스 산업을 보완할 만한 분야는 무엇일까? '환경' 관련 일자리와 서비스 분야가 미래의 경제 성장을 위한 대안으로 거론되고 있다. 이는 바로 정부의 지도력이 큰 힘을 발휘할 수 있는 분야다.

최근에는 모든 사람들이 환경 붐에 편승하고 있는 것처럼 보인다. 오바마 대통령은 풍력 발전, 태양력 발전 및 기타 에너지 절약 대안을 천명했다. 한국에서는 정부가 2012년까지 50조 원 이상 투자하여 강과 시내, 생화학 에너지, 재활용 등의 환경 분야에 100만 개에 육박하는 일자리를 창출하겠다는 계획을 발표했다.

이렇게 하려면 실제 혜택을 체감하기 전에 우선 상당한 비용이 발생하게 되므로 정부의 역할과 리더십이 매우 중요하다. 환경 사업을 추진하여 얻을 수 있는 이점으로는 깨끗한 환경, 지구 온난화 방지 등이 있다. 이는 장기적으로 볼 때 경제에 긍정적인 영향을 미칠 것이고 지구상에서 인류가 살아나가는 데 있어서 꼭 필요한 조치이기도 하지만, 반드시 단기간 내에 기업에 즉각적인 수익을 가져오는 것은 아니다.

또 하나의 문제는 경제 상황이다. 2008년 원유 가격이 치솟자 기업들은 풍력 발전기와 태양 전지판을 활발히 생산했다. 그러나 2009년에 원유 가격이 급락하자 대체 에너지에 대한 수요가 줄어들고 관련 생산 활동은 사실상 멈추고 말았다. 장기적으로 경제 성장과 환경에 대한 우려가 높아지면 환경을 덜 파괴하고도 에너지를 생산할 수 있는 새로운 기술이 개발될 것이라는 데에는 대부분의 사람들이 동의한다. 그러나 그렇게 되기 전까진 어떻게 할 것인가?

한편 자동차의 미래는 어떤가? 하이브리드 전기 자동차가 해답일까? 천연 가스를 연료로 하는 자동차들이 그보다 나은 대안일까? 이에 대한 해답은 경제 회복이다. 경제가 활발하게 성장하는 상황에서는 기업과 가정에서 자동차를 구입할 가능성이 더 크다. 또한 정부는 이러한 제품의 수요를 늘리는 데 도움을 줄 수 있다.

온실 효과 문제를 해결하는 데 있어서 소위 '캡 앤 트레이드(Cap-and-Trade)' 제도가 많은 지지를 얻고 있다. 이는 정부가 온실 가스 방출에 대한 허가증을 발부하는 제도이다. 각 기업은 이 허가증을 서로 사고 팔면서 가장 저렴한 비용으로 가스를 방출하기 위해 노력하게 된다.

과연 환경 정책이 충분한 일자리를 창출하게 될까? 앞에서 지적한 대로 한국 정부는 환경 프로젝트를 통해 거의 100만 개의 일자리가 창출되리라 기대하고 있다. 그러나 일부 환경 프로젝트 분야에서는 일자리가 오히려 사라지고 있다. 2008년에 원유 가격이 급등함에 따라 자동차 판매가 급락한 후, 아직 회복되지 않은 상태이다. 현재는 당시보다 원유 가격이 훨씬 낮아졌기 때문에 하이브리드 자동차는 그다지 많이 판매되지 않고 있다.

정부가 에너지 소비를 억제하기 위해 에너지 사용에 세금을 부과할 수도 있다. 그러나 에너지 비용이 높아지면 경제 전반의 거의 모든 일자리에 영향을 미치게 된다. 제품을 생산하고 운반하고 서비스하는 데 소요되는 비용이 높아진다. 심지어 화이트 칼라 직종도 에너지 가격이 높아지면 타격을 받는다. 한마디로 에너지 가격이 높아지면 단기적으로 일자리가 줄어든다는 뜻이다.

그렇기 때문에 정부의 역할이 더욱 중요하다. 높은 에너지 세금으로 거둔 수입은 사용자들에게 일부 환급하여 손실을 충당하도록 할 수 있다. 그러나 추가적인 세금 수입으로 제공하는 환급금으로는 충분하지 않을 가능성도 있다. 정부의 추가적인 지원이 필요할지도 모른다.

환경 프로젝트가 우리가 살고 있는 지구와 환경에 좋은 조치이기는 하지만 수출, 소비자 지출, 주택 시장의 약세로 인한 향후의 경제 부진을 상쇄할 만큼 충분한 경제 성장과 일자리를 보장해줄 가능성은 크지 않다. 따라서 경제 성장을 촉진할 수 있는 다른 수단이 강구되어야 한다.

가장 좋은 대안은 역시 교육이다. 역사적으로 볼 때 교육과 경제 성장은 정비례 관계에 있다. 한국이 가장 좋은 예다. 한국의 교육열은 유명하여 자녀 교육을 다른 어떤 것보다 우선시한다. 부모들은 아이들이 좋은 교육을 받을 수 있도록 하기 위해 많은 희생을 한다. 한국의 대학 졸업률은 거의 세계 최고 수준이다. 오바마 대통령은 미국인들이 한국인들처럼 학업에 많은 시간을 투자하도록 촉구하기도 했다.

태국이나 인도네시아, 말레이시아와 같은 동남 아시아 국가들을 여행하다 보면 교육열이 한국만큼 뜨겁지 않다는 사실을 알 수 있다. 고교 졸업생 중 극히 소수만이 대학에 진학한다. 대학에 진학한 후에도 졸업까지 하는 비율은 높지 않다. 따라서 동남아시아 국가들은 풍부한 천연자원을 보유하고 있음에도 불구하고 한국보다 경제 성장에서 뒤떨어지고 있는 것이다.

교육은 사회에 많은 혜택을 준다. 교육이 기반이 되면 경제 성장에 한계란 없다. 파이 자체의 크기가 점점 커질 수 있는 것이다. 한국은 1950년대 한국 전쟁의 폐허에서 세계 제13위의 경제국으로 발돋움했다. 사람 이외의 다른 천연 자원이 풍부하지 않은 상태에서 한국은 교육을 경제 성장과 번영을 이룩하는 도구로 활용할 수 있었다.

선진국 경제의 또 하나의 중요한 특징은 폭넓은 중산층이다. 경제 발전이 진행되지 않은 나라에서는 중산층의 비율이 매우 낮다. 그 차이는 교육이다. 교육이 더 많은 부와 중산층을 창출하는 것이다. 소득 분배도 사회 전체에 걸쳐 보다 균등해진다.

여성은 선진국과 개발 도상국에서 교육의 혜택을 가장 크게 받은 계층이다. 미국에서는 법대나 의대 학생의 절반 이상이 여성이다. 이러한 여성들은 높은 소득을 올리며 매우 능률적으로 업무를 수행한다. 교육을 통해 여성들은 남성들과 더욱 효과적으로 경쟁할 수 있다.

교육에는 다른 이점도 있다, 연구에 따르면 교육 수준이 높은 사람들이 더 건강하고 장수를 누린다고 한다. 재정적 자원이 넉넉할 뿐만 아니라 건강 유지에 대한 더 많은 지식이 있기 때문이다. 건강한 사람은 생산성이 높으며 소득도 많다.

교육 분야는 한 나라가 경제 성장을 추진하는 데 있어 최고의 투자처인 셈이다.

경제학자들은 정부가 승자와 패자를 결정하는 것에 대해 대체적으로 회의적인 입장이다. 어느 부문이 다른 부분보다 더 나은지는 자유 시장에서 결정할 문제다.

그러나 경제 발전 과정에서 일반적으로 나타나는 특징도 있다. 한 나라가 개발 도상국에서 선진국으로 발전해감에 따라 GDP에서 서비스 부문이 차지하는 비중이 높아진다. 예를 들어 미국은 서비스업이 총생산의 약 85%를 차지하고 있다. 한국의 경제가 더욱 발전하면 GDP에서 서비스업이 차지하는 비중은 높아질 것이다. 그렇다면 어느 서비스 분야가 될까?

앞에서 미국의 금융 서비스 산업이 최근의 경제 및 금융 문제의 주범이라고 지적한 바 있다. 그러나 한국은 정반대다. 금융은 현재보다 경제에서 더 많은 부분을 담당할 수 있고 또 그렇게 해야만 한다.

은행을 예로 들어 보자. 한국의 은행들은 아시아 경제 위기 후, 여러 건의 합병을 거쳐 국제적인 시선을 끌었다. 그러나 이러한 은행들은 극히 제한된 해외 영업만 실시하는 토종 은행들이다. 해외에 지점을 두고 있다고 해도 대부분 해외의 한국 기업들에게 서비스를 제공하는 수준이다. 거의 모든 해외 지점이 다른 다국적 은행들과 경쟁하기 위해서가 아닌 재외 한국인들을 고객으로 유치하려는 목적으로 설계되었다. 한국의 은행 중 일부가 해외, 특히 아시아 지역 진출을 노리고 있기는 하지만 다른 다국적 은행들을 따라잡으려면 상당한 시간이 걸릴 것이다.

한국 내에서도 은행은 기업과 개인에게서 예금을 받아서 그 돈을 대출해 준 후 수익을 올리는 방식으로 대부분의 수익을 올리고 있다. 은행들 사이에서 경쟁이 심해지자 예대 마진은 줄어들었고 전망도 좋지 않다.

투자 금융 분야에서 한국의 금융 기관들은 외국의 경쟁사들에게 크게 뒤져 있다. 골드만 삭스, 모건 스탠리, BNP 파리바 등의 외국 금융 기관들은 한국에서 상당한 시장 점유율을 확보했다. 한국 중개업자들의 경우, 대부분의 수익은 기업 인수 합병, 신용 평가, 기업 컨설팅 및 자산 관리와 같이 단순히 주식 매매와 관련된 거래 수수료에서 나온다. 한국의 투자 은행들은 일반 은행들과는 달리 해외 시장 진출을 꾀하기 전에 자국 내 외국 경쟁 기업들로부터 시장 점유율을 빼앗아야 한다.

한국의 투자 은행이 국내 시장에서 성공을 거둔 다음에는 해외 진출을 시도해볼 수 있다. 가장 좋은 방식은 현지에서 투자 은행 영업 기능을 갖춘 소규모의 중개 업체를 매입하는 것이다. 해외 시장에서 맨바닥부터 시작하는 것은 좋은 전략이 아니다. 현지 업체를 인수하는 방식으로 한국의 투자 은행들은 제품에 대한 지식, 업계에 대한 전문 지식, 그리고 해외 영업에 필요한 네트워크를 확보할 수 있을 것이다.

일반 은행과 투자 은행은 한국 금융 서비스 산업의 극히 일부만을 차지할 뿐이다. 한국이 뛰어들 수 있는 다른 금융 분야도 많다. 한국은 기술, 특히 첨단 기술이 필요한 제조업 분야가 매우 발전해 있다. 앞으로는 금융 기술 분야에서도 눈부신 발전을 이루어 국제 무대에서 경쟁해나가야 할 것이다.

정부가 승자와 패자를 결정해야 하는가?

전세계적으로 제조업 관련 일자리가 사라지고 있다. 수많은 중국의 장난감 제조업체들이 문을 닫았다. 해안가를 따라 세워진 수천 개의 중국 공장이 문을 닫고 근로자들을 집으로 보냈다. 중국 정부의 주장과는 달리, 대부분의 해고된 근로자들은 빠른 시일 내에 다시 직장에 복귀하지 못할 것이다. 수출에 크게 의존하고 있는 독일과 일본 모두 경제 위축을 겪고 있다. 언젠가 국제 경제가 다시 활기를 되찾고 수출이 늘어나면 이러한 국가들은 다시 호황을 누리게 될 것이다.

그러나 지난 수십 년간 제조업이 점차 사양길에 접어들고 있는 많은 선진국에서는 상황이 다르다. 선진국에서 가까운 시일 내에 제조업 부분이 다시 활기를 찾을 가능성은 거의 없다. 1950년대에는 제조업 관련 일자리가 미국 전체 고용의 50% 이상을 차지했지만 오늘날에는 10%에 가깝게 떨어졌다. 2008년 1년 동안만 해도 산업 생산이 10% 이상 하락했다.

유로 통화권에서도 비슷한 현상이 나타나고 있어 산업 생산이 크게 떨어졌다. 산업혁명의 발상지인 영국은 재공업화를 추진하여 제조 공학을 금융 공학으로 대체했다. 현재 런던은 세계 주요 금융 중심지의 하나로 발전했다.

뉴욕에서 런던에 이르는 세계 금융 시장이 혼란을 겪고 있는 상황에서, 향후 지속적인 경제 성장을 위해 선진국에서 재공업화를 추진해야 하는가에 대한 의문이 제기되고 있다. 미국 자동차 업계는 워싱턴에서 수백 억 달러 규모의 정부 지원을 받았다. 자동차 업체 임원들, 노동 조합들, 정치인들은 제조업을 미래의 주요한 경제 성장원으로 새롭게 규정해야 한다고 강력히 주장한다. 영국과 유럽 대륙에 있는 일부 전문가들도 비슷한 주장을 펴고 있다.

제조업계에 구제 금융을 제공해야 한다고 주장하는 사람들의 논지 중 하나는 공급 사슬이다. 예를 들어 디트로이트에는 대규모 자동차 부품 업체들이 있다. 하나 또는 그 이상의 자동차 제조업체가 무너지면 이러한 대규모 부품 업체들도 함께 쓰러지기 때문에 살아남은 다른 자동차 제조업체가 피해를 입게 된다는 주장이다.

이러한 주장을 펴는 사람들은 고급 금융 서비스 관련 일자리가 뉴욕이나 런던과 같은 몇몇 도시에 집중되어 있는 반면 제조업 관련 일자리는 전국에 퍼져 있다고 지적한다. 첨단 제조업이라 하더라도 금속 제련과 같은 기본적인 제조업 기술은 필요하다. 제조업 기술은 보편적이고 다른 산업에서도 활용할 수 있다. 즉 제조업 직종이 금융 직종보다 더욱 활용도가 높고 영향력이 크다는 주장이다.

또한 금융 서비스와는 달리 제조업은 생산성을 향상시키기가 비교적 용이하다. 생산성이 향상되면 더 많은 일자리가 창출되기 때문에 실질 임금도 올라갈 수 있다.

또한 재공업화의 지지자들은 대부분의 생산 시설이 임금이 저렴한 국가로 빠져나가던 시절은 이제 지나갔다고 믿는다. 소비자들의 취향과 기술이 빠르게 변화되고 있으므로 기업들은 이에 빠르게 대처하기 위해 시장 가까이에 공장을 세워야 한다는 것이다. 뿐만 아니라 개발 도상국에서의 생산 비용이 크게 오르고 노동 법규도 강화되고 있다.

이들은 제조업에 다시 활력을 불어넣기 위해 정부가 자동차에서 비행기에 이르는 다양한 제조업계에 보조금을 지급해야 한다고 주장한다. 유럽과 미국의 많은 정부가 금융 기관에 구제 금융을 제공하지 않았는가? 대마불사의 원칙이 적용되는 GM 같은 거대 기업을 지원하는 것은 왜 안 된다는 말인가?

　대부분의 경제학자들은 경제에서 정부가 승자와 패자를 결정하는 것은 좋지 않다는 데 동의한다. 그러나 금융 부문은 예외다. 금융은 경제의 산소와도 같기 때문이다.

　한편 공공 자금을 사용하여 재공업화를 추진하는 데 반대하는 사람들은 두 가지를 지적한다.

　우선 정부가 어떤 산업에 보조금을 제공해야 할지 판단하기가 쉽지 않다는 점이다. 우는 아이 떡 하나 더 준다는 식으로, 가장 자격이 있는 업계가 아니라 가장 영향력이 강하고 집중적인 로비를 펼치는 업계가 혜택을 받을 가능성이 크다. 세계적으로 볼 때 이제까지 추진된 정부 보조금의 결과는 그다지 좋지 않았다.

　두 번째로 일부 제조업계의 몰락은 수요와 밀접한 관련이 있다는 주장이다. 장기적으로 볼 때 절대적인 수요가 줄어드는 경우가 있다. 예를 들어 도시화가 진행되고 교통 체증이 늘어남에 따라 자전거 이용이 불편해졌고 이에 따라 자전거에 대한 수요가 줄어들었다. 또한 컴퓨터가 워드 프로세서를 대체했기 때문에 이제는 아무도 타자기를 쓰지 않는다.

　수요가 주기적으로 줄어드는 경우도 있다. 도요타는 세계적 경제 위축과 함께 수요가 크게 떨어지는 현상을 겪었다. 하지만 이와는 반대로 애플의 아이폰에 대한 수요는 엄청나게 증가했다. 마찬가지로 정부에서 왜 수요가 하락하는지, 그리고 언제 그러한 경향이 반전될지 정확히 판단하기는 쉽지 않다.

또 정부 개입은 보호무역주의를 촉발시킬 수도 있다. 예를 들어 유럽의 항공기 제조 컨소시엄인 에어버스(Airbus)는 각국 정부로부터 막대한 보조금을 받는다. 에어버스가 가지고 있는 큰 이점은 구매자에게 매력적인 금융 조건을 제공한다는 점이다. 경쟁사인 보잉(Boeing) 및 미국 정부는 이러한 불공평한 혜택에 대해 오랫동안 불만을 제기해왔다.

한마디로 정부의 개입은 보호무역주의라는 역풍을 불러일으켜 모든 사람에게 피해를 줄 수 있다. 보호무역주의가 다시금 고개를 드는 현재 상황에서 재공업화는 좋은 대안이 아니다.

공급 사슬과 관련된 주장도 설득력이 떨어진다. 자동차 제조업체들은 하나 이상의 납품업체와 거래한다. 거꾸로 납품 업체들도 하나 이상의 고객과 거래를 해야 한다.

가장 기본적인 전제는 정부가 생산적인 일자리 창출을 촉진해야 한다는 것이다. 창출하는 일자리가 제조업 직종이냐, 서비스 직종이냐 하는 것은 그다지 중요하지 않다. 전반적인 경제 상황을 개선하기 위해서는 재정 및 통화 정책 도구를 사용하는 편이 낫다. 정부의 역할은 승자와 패자를 결정하는 것이 아니라 새롭고 혁신적인 아이디어를 장려하는 것이다.

한국을 금융 중심지로

지난 30년간 첨단 기술을 비롯한 제조업이 경제 성장의 주요 원동력이 되어 왔다. 이 기간 동안 탄생한 법률, 금융, 주택 등의 여러 서비스 직종은 제조업 활동과 연관되어 있었다. 그렇다면 한국은 앞으로도 계속 제조업에 의존하여 경제 성장을 추진할 수 있을까? 그럴 가능성은 희박하다.

미국의 초대 대통령인 조지 워싱턴(George Washington) 시절에는 전체 일자리의 약 95%가 농업 관련 직종이었다. 그러나 농업 생산성이 향상되면서 제조업 관련 직종이 점차 농업 관련 직종을 대체했다. 산업 혁명의 시작과 함께 제조업은 미국 경제의 중추가 되었다. 시간이 지나면서 제조업의 중심은 점점 일본, 한국 그리고 중국으로 넘어갔다. 이제 미국 경제는 서비스 산업이 주도하고 있다. 오늘날 미국 내 일자리의 85% 이상이 서비스 관련 업종이다.

한국도 이와 같은 방향으로 나아가야 할 것이다. 정부 정책이 서비스 부문의 발전을 촉진하는 방향으로 추진된다면 서비스 경제로의 전환도 더욱 가속화될 수 있다.

이러한 정부 정책의 한 가지 예로 2009년에 시행된 자본시장통합법(Capital Market Consolidation Act)을 들 수 있다. 금융은 경제의 산소와도 같으며 경제 성장을 촉진한다. 안타깝게도 한국에서 자본 시장의 발전은 경제 발전만큼 빠르게 진행되지 않았다. 2007년 국제 결제 은행(Bank for International Settlement)의 보고서에 따르면 한국의 GDP 대비 자본 시장 규모는 미국의 50%, 영국의 35%에 지나지 않는다고 한다.

자본시장통합법은 증권, 선물, 자산 관리 및 투자 금융 등과 같은 여러 금융 분야를 모두 망라하고 있다. 금융 기관은 금융 서비스 전반에 걸친 다양한 금융 상품을 고객에게 제공할 수 있을 것이다. 자본시장통합법의 실시로 국내 금융 기관들이 골드만 삭스, 모건 스탠리, BNP 파리바 등의 외국 금융 기관과 효과적으로 경쟁할 수 있게 되기를 바란다. 결국 금융 서비스도 경제의 장기적인 성장 원동력이 될 수 있기 때문이다.

　서울은 홍콩, 도쿄, 싱가포르와 어깨를 나란히 하는 아시아 금융의 중심지가 되겠다는 비전을 품을 수 있다. 최근의 세계적 금융위기는 모든 관련자들에게 경종을 울렸다. 그러나 금융 업계가 위기를 겪었다고 해서 미래에 금융 산업이 많은 일자리를 제공하지 못하는 것은 아니다. 금융은 경제의 산소와 같다. 아무리 많이 먹고 마신다 하더라도 산소 없이는 살 수 없다.

　금융 업계가 경기 호황을 믿고 방만한 운영을 했다는 사실에는 의심의 여지가 없다. 금융 기관은 기존의 법칙과 규제를 철저히 준수해야 한다. 또한 금융 시스템을 보호할 새로운 법률도 필요하다. 헤지 펀드 및 사모 펀드와 같은 비교적 새로운 상품에 적합한 규제도 마련해야 한다. 주요 국가의 감독 기관들도 금융 관리 및 감독 문제에 있어서 서로 공조해야 한다.

　한마디로 국내에서나 국외에서 모두 여러 조치가 필요하다는 것은 분명하다. 하지만 금융은 경제에서 없어서는 안될 중요한 부분이다. 효율적인 금융 시스템 없이는 어떠한 경제도 제 기능을 할 수 없다.

　그렇다면 어떻게 서울을 아시아의 금융 중심지로 만들 것인가. 세계적으로 런던, 뉴욕, 프랑크푸르트, 싱가포르 등을 비롯한 많은 금융 중심지가 있다. 이러한 도시들의 공통점은 무엇인가?

한국은 다른 아시아 도시들에 비해 몇 가지의 이점을 가지고 있다. 우선 고학력 인력이 풍부하다. 삼성, 현대, LG, SK 등과 같은 다국적 '재벌' 기업들이 서울에 본사를 두고 있다. 또한 한국은 세계에서 가장 IT 기술 및 인프라가 발달한 국가 중 하나다. 인천국제공항은 서울과 아시아 유수의 상업 중심지들을 몇 시간 내에 연결해준다.

그렇다면 서울이 아시아 금융 중심지로 발돋움할 준비가 되었는가?

세계 최대의 금융 중심지인 런던은 소위 '윔블던 효과'로 큰 혜택을 입었다. 윔블던은 런던 근교의 지명으로, 유명한 테니스 대회가 벌어지는 곳이다. 대회는 영국에서 열리지만 영국 선수들이 우승하는 경우는 드물다. 실력 있는 영국 테니스 선수가 많지 않다는 사실은 그리 중요한 문제가 아니다. 중요한 것은 대회가 영국 땅에서 열린다는 점이다.

금융 중심지로서의 런던에도 비슷한 논리를 적용할 수 있다. 금융위기가 발생하기 전 런던의 금융 지구에는 50만 명이 넘는 금융 전문가들과 80만 명의 지원 인력들이 일하고 있었다. 여기에 종사하는 사람들 중 1/3은 외국인들이다. 이곳에서 출신과 국적은 문제가 되지 않는다. 중요한 것은 참신한 아이디어와 능력뿐이다. 윔블던 효과는 계속된다. 일단 금융위기가 잠잠해지면 런던의 금융가는 다시 한 번 영국 성장의 주요 원동력이 될 것이다.

그렇다면 서울에도 윔블던 효과가 존재하는가? 그렇지 않다. 외국인들이 한국 사회에 적응하기는 쉽지 않다. 한국 사람들은 외부인을 배제하고 끼리끼리 뭉치는 경향이 있다. 심지어 서울에 사는 같은 한국 사람들 사이에서도 지연, 학연 등에 따라 그룹을 이룬다.

서울에서 일하는 대부분의 외국인들은 외국 기업에서 일하는 사람들이다. 한국 기업이나 정부 기관에 근무하던 외국인들이 외로움과 소외감을 느낀 나머지 금세 그만두는 경우도 드물지 않다. 한국의 문화에 외국인들이 적응하기는 쉽지 않다.

서울이 금융 중심지가 되는 데 또 하나의 장애물은 영어다. 전 세계의 10개 금융 중심지 중 홍콩과 싱가포르를 포함한 9개 도시에서는 영어가 쉽게 통용된다. 영어는 국제 금융계에서 주로 사용되는 언어이다. 물론 점점 더 많은 한국 사람들이 영어로 의사소통하는 능력을 갖춰가고 있지만 한국이 다른 국제 금융 중심지와 경쟁할 만큼 유창한 영어 실력을 키우기까지는 상당한 시간이 걸릴 것이다.

생활 방식도 전 세계의 우수한 인재들을 끌어 모으는 데 매우 중요한 요소이다. 대부분의 외국인들은 한국과 한국의 문화를 좋아한다. 한국인들은 매우 친절하고 의료 시설도 세계 최고 수준이다. 그럼에도 불구하고 한국에 사는 외국인들은 자기들끼리 모여서 친교를 나눈다. 한국인과 외국인 사이에는 피상적인 관계만 있을 뿐, 깊은 교류가 없다.

필자가 오랫동안 근무했던 웰스 파고 은행은 홍콩에 지사를 두고 있었다. 홍콩 지점에는 약 60명의 직원이 있었는데, 미국에서 파견된 직원 한 명을 제외하면 모두 현지인이었다. 미국 본사에서 파견된 직원은 보통 3년 간 현지 근무를 하게 된다.

그러나 정작 3년이 지난 후에도 미국으로 복귀하고 싶어하는 직원이 거의 없었다. 본사가 승진 기회도 많고 출세할 가능성이 더 높은데도 말이다. 대부분의 파견 직원들은 회사를 그만두고 홍콩에 자리를 잡았다. 현지에서 많은 친구들을 사귀고 홍콩 생활을 사랑하게 된 것이다. 외국인들이 서울에 대해서도 이런 생각을 가지고 있을까? 아직은 아니다.

서울이 금융 중심지로 도약하는 데 있어서 또 하나의 중요한 요소는 개방성과 법적 절차다. 외국 기업인들은 한국의 규제와 법률, 그리고 관료주의가 지나치게 번거롭다고 느낀다. 한국어를 하지 못하는 사람이 여러 정부 기관을 돌며 인가를 받아내기란 불가능에 가깝다. 물론 이러한 번거로움을 덜어주는 법률 사무소들이 있지만 이러한 서비스를 이용하면 영업 비용이 올라가게 된다.

설상가상으로 일부 외국인들은 한국 정부가 국내 기업에게 특혜를 준다고 생각한다. 외환은행 매각을 둘러싼 혼란이 그 좋은 예이다. 이는 국제 금융 중심지로 발돋움하고자 하는 한국의 의지에 찬물을 끼얹은 일이었다.

그렇다면 서울의 금융 중심지로서의 매력은 어느 정도일까? 몇 년 전에 런던 시에서 국제 금융 센터 지수(Global Financial Centers Index)를 발표한 바 있다. 예상대로 런던이 1위를 기록했고, 뉴욕과 홍콩, 싱가포르가 그 뒤를 이었다. 한국의 서울은 42위였다. 상하이, 베이징, 뭄바이 같은 도시들이 서울보다 높은 순위를 기록했다.

한국은 진지하게 홍콩이나 싱가포르와 경쟁할 수 있는 국제 금융 중심지가 되려는 계획을 세우고 있는가? 물론 가까운 장래에 이러한 계획이 실현될 가능성은 거의 없다.

그러나 서울을 국제 금융 중심지로 키우려는 생각이 있다면 정부와 기업 모두 외국인이 한국에서 편하게 일하고 생활할 수 있는 환경을 조성하는 데 박차를 가해야 할 것이다. 일단 홍콩에서 근무하게 된 외국인들은 홍콩을 떠나고 싶어하지 않는다. 언젠가는 한국도 외국인들에게 그만큼 매력적인 곳이 되기를 바란다.

Part 06

어려운
경제 환경에서
올바른 자산 관리

또 한 번의 활황인가?
아니면 장기적인 약세 시장인가?

미국 주식 시장은 2008년에 37%나 폭락했다. 이는 주식 시장이 43% 폭락한 1931년 이후 최악의 실적이었다. 다행히도 주식 시장은 다시 활기를 되찾고 있다. 일부 투자자들은 앞으로 수년 안에 또 한 번의 활황 시장이 찾아올 것이라고 예상하고 있다.

주식 가격이 20% 이상 떨어지는 것을 약세 시장(Bear Marker)이라고 정의한다. 1926년 이후 6년마다 한 번 꼴로 모두 13번의 약세 시장이 있었다. 금융위기 이후 최근의 약세 시장은 1929~32년, 1937~42년의 약세 시장과 비견될 정도로 최악의 상황이라고 할 수 있다. 약세 시장의 평균 지속 기간은 21개월이다.

주식 시장은 가장 정확한 경기 선행 지표 중 하나다. 투자자들은 경제 회복을 예상하고 한 발 앞서 투자처를 결정한다. 열한 번 중 여덟 번의 약세 시장에서 주식 시장은 경기 위축 기간의 정중앙 근처에서 바닥을 쳤다. 경기 위축기가 끝나기 전에 주식 시장은 약 25% 상승했으며, 경제가 불황의 늪에서 빠져 나온 후 1년간 45% 상승했다.

역사적으로 볼 때 상승 시장(Bull Market)은 경기 위축기가 끝난 후가 아니라 끝나기 전부터 시작된다. 2009년 중반부터 시작된 주식 가격의 상승도 예외는 아니다. 1930년대 대공황이 한창일 때 형성된 강세 시장은 사상 최대 규모 중 하나였다. 1929년과 1932년에 70%나 하락했던 주식 시장은 1933년에 75%나 치솟았다.

그러나 반드시 약세 시장 후에 상승 시장이 형성되는 것은 아니다. 이는 시장이 일시적인 약세 시장 상태에 있느냐, 아니면 장기적인 약세 시장 상태에 있느냐에 달려있다. 장기적인 약세 시장은 12년 또는 그 이상 지속되는 경우도 있다. 역사적으로 1906~21년, 1929~42년, 1966~82년에 걸쳐 세 차례의 장기적인 약세 시장이 있었다. 현재의 상황이 장기적인 약세 시장으로 밝혀진다면, 닷컴 거품이 붕괴된 2000년부터 시작된 네 번째 장기적인 약세 시장이 되는 셈이다.

미국의 약세 주식 시장(1925~2008)

최고점	최저점	기간(개월)	주식 하락률 %	1년 후 최저점으로부터의 상승률 %
1929년 9월 3일	1932년 7월 18일	34	-86	124
1937년 3월 10일	1942년 4월 28일	61	-60	59
2007년 10월 9일	2008년 11월 20일	14	-52	35
2000년 3월 24일	2002년 10월 9일	31	-49	34
1973년 1월 11일	1974년 10월 3일	21	-48	38
1968년 11월 29일	1970년 5월 26일	18	-36	44
1987년 8월 25일	1987년 12월 4일	4	-34	23
1946년 5월 29일	1949년 6월 13일	37	-30	42
1961년 12월 11일	1962년 6월 26일	6	-28	33
1980년 11월 28일	1982년 8월 12일	21	-27	58
1966년 2월 9일	1966년 10월 7일	8	-22	33
1956년 8월 2일	1957년 10월 22일	14	-22	31
1990년 7월 16일	1990년 10월 11일	3	-20	29
평균		20.9	-39.5	44.8

그러나 장기적인 약세 시장이라고 해서 계속 약세만을 보이는 것은 아니다. 그 기간 내에서도 한 번 또는 그 이상의 상승 시장이 나타날 수 있다. 아무도 현재 상황이 여러 해에 걸친 상승 시장인지, 아니면 장기적인 약세 시장 속에서 나타나는 일시적 활황인지 확실히 알 수는 없다. 따라서 장기적인 약세 시장에서는 그 안에서 발생하는 여러 번의 상승 시장을 최대한 활용하는 것이 중요하다.

사실 시장에서 절호의 타이밍을 잡는 것은 매우 어렵다. 가장 적절한 매입 시점과 매각 시점을 아는 사람은 아무도 없다. 이것이 바로 많은 투자자들이 비록 단기적으로는 다소 손해를 보더라도 장기적인 관점에서 시장을 바라보고 투자를 하는 이유 중 하나이다.

1925년에 1달러를 주식에 투자했다면 2009년에는 2,020달러가 되며 연간 수익률은 9.6%이다. 1925년에 미국 정부 채권에 1달러를 투자했다면 2008년에는 84달러로, 연간 수익률은 5.5%이다. 하지만 당시 현금성 자산에 1달러를 투자했다면 고작 21달러가 되며 연간 수익률은 3.7%에 불과할 것이다. 같은 기간 동안 평균 물가 상승률은 1년에 3%였다.

여기서 제시한 수치는 위험률과 수익률의 상관 관계를 잘 보여준다. 84년간의 역사에서 대공황 당시와 같은 주식 시장의 붕괴는 일시적인 변동일 뿐이다. 1930년대부터 어느 10년을 살펴보아도 같은 결론에 도달한다. 5~10년 정도의 시간이 있다면 모두 현금성 자산으로 보유하는 것보다는 여러 가지 형태의 자산에 골고루 투자하는 것이 거의 항상 더 좋은 수익률을 낸다.

주식 투자의 황금률은 업계, 투자 스타일, 국가에 따라 다양하다.

약세 시장에서는 보수적으로 투자하는 것이 좋다. 2008년에는 소비자 생필품(-15%), 보건 및 의료(-23%), 공공 설비(-29%)와 같은 산업이 전체 시장 평균보다 좋은 실적을 올렸다. 식품, 치약, 기저귀, 우유와 같은 소비자 생필품은 경제의 좋고 나쁨에 관계 없이 사람들이 살 수밖에 없는 품목이다. 보건 의료 분야도 마찬가지다. 경제 상황과 관계없이 아프면 병원에 가야 하고 약이나 비타민을 복용해야 한다.

반면 경기의 영향을 크게 받는 부문은 수요가 주기적인 산업 및 신용에 민감한 산업이다. 경제 호황기에 눈부신 성장을 보이던 금융 분야는 전 세계 선진국에 신용 위기가 걷잡을 수 없이 퍼지면서 2008년에만 −55%의 처참한 실적을 냈다. 에너지, 철강, 화학 등의 자재 부문 또한 수요가 급감하면서 큰 타격을 입었고 주가도 크게 떨어졌다. IT(−43%) 분야도 컴퓨터 칩에서 보안 장비에 이르는 기술 제품에 대한 수요가 하락하면서 타격을 입었다.

그러나 다시 한 번 상승 시장이 시작되면 모든 상황은 반전된다. 경제가 성장하고 시장이 활기를 띠고 있는 현재와 같은 환경에서, 앞으로의 경기를 예상하고 미리 행동을 취하는 투자자들은 일단 상승 시장으로 상황이 반전되면 하락 시장과는 정반대로 수요가 주기적이고 신용에 크게 의존하는 산업으로 몰려든다. 수요가 증가하는 산업에 재빨리 투자를 하고자 하는 것이다.

더 나아가서 기업들은 소비자와 기업의 증가된 수요를 충족시키고 소진된 재고를 보충하기 위해 대량으로 주문을 함으로써 새총 효과(Slingshot Effect, 달이 잡아당기는 인력 때문에 우주선의 속력이 빨라지는 현상−역주)가 발생한다. 동시에 투자자들은 경제 위축기에 인기를 끌었던 보수적인 산업에서 손을 떼게 된다.

또한 여러 국가에 골고루 투자를 하는 다각화 또한 매우 중요하다. 앞에서 설명한대로 여러 산업에 골고루 투자하는 것과 마찬가지로 포트폴리오에는 국내 및 해외의 주식을 모두 포함시켜야 한다. 개발 도상국의 경제는 일용품에 크게 의존하는 경우가 많고 신용에 민감하다.경기가 좋을 때는 일용품의 수요가 크게 증가해 엄청난 부가 창출되고 경제 발전이 촉진된다. 브라질과 러시아가 이 범주에 속한다.

그러나 이제 풍선에서 바람이 빠져나가는 것처럼 경제가 힘을 잃자 물가는 크게 하락했지만, 경제 회복과 함께 다소간 반등의 기미를 보이고 있다. 개발 도상국은 선진국에서 돈을 빌리는 경우가 많기 때문에 신용 조건에 상당히 민감하다. 지금과 같은 환경에서는 신용 대출을 얻기가 상당히 어려워졌다. 또한 개발 도상국의 주가는 국제 신용 시장의 신용 흐름에 따라 크게 영향을 받으므로 선진국의 신용 환경에 매우 민감한 경향이 있다.

그 동안 많은 아시아 국가들은 미국 소비자들의 엄청난 지출로 큰 혜택을 입었다. 중국은 두 자리 수 경제 성장을 이루었고 외환 보유고는 2조 달러를 넘어섰다. 중국의 주식 가격은 2년 사이에 600%나 뛰어올랐다. 금융위기 당시 주식 시장 약세로 중국 주식 시장은 큰 타격을 입었으나 그 후 다시 강한 반등세를 보이고 있다.

결론적으로 최근의 주식 시장 활황에도 불구하고 세계 경제는 다시 어려움에 빠질 수 있다. 그렇게 되면 주식 시장도 그 뒤를 따를 것이다. 투자자들은 역사에서 얻을 수 있는 교훈, 장기적인 위험과 수익률의 균형, 분산 투자 등을 염두에 두고 주식 시장을 장기적 안목에서 바라볼 필요가 있다.

재정 목표 달성하기

40년간 일하며 노후 자금을 모아온 많은 사람들이 최근의 금융 위기 때문에 저축의 반 혹은 그 이상을 잃었다. 자금을 실적이 좋은 재산 관리 전문가에게 위탁했지만 아무 소용이 없었다.

현재의 주식 시장 반등으로는 이미 잃어버린 돈의 극히 일부만을 회수할 수 있을 뿐이다. 앞으로도 수년간 불안정한 경제 및 금융 환경이 예상되는 가운데, 과연 포트폴리오는 어떻게 관리해야 할까?

누구나 더 많은 돈을 갖고 싶어한다. 하지만 '부자가 되겠다' 는 각오는 올바른 재정 목표가 아니다. 목표는 보다 구체적이고 현실적이어야 한다. '세계에서 가장 돈이 많은 사람이 되겠다' 역시 실현 가능한 목표가 아니다. 반면 '자녀의 대학 등록금을 마련하겠다', '집을 사겠다', '노후 준비를 하겠다' 등은 좋은 재정 목표가 된다.

구체적이고 현실적인 목표를 세우면 아무 목표 없이 노력하는 것보다 목표에 도달할 가능성이 높아진다. 조사에 의하면 대부분의 사람들이 노후 준비가 충분히 되어 있지 않다고 한다. 분명한 목표를 세우고 그 목표를 위해 저축하지 않았기 때문이다. 대부분의 사람들은 하루하루 살아가는 데 너무 바쁜 나머지 미래에 대한 걱정을 할 여유가 없다.

경제적 목표를 세우고 달성하는 것은 때로는 수십 년에 걸친 평생 사업이다. 하지만 저축을 시작하기에 너무 늦은 때란 없다. 빨리 시작할수록 목표를 달성하거나 목표에 가까워질 가능성이 커진다.

투자가 얼마나 좋은 결과를 낳느냐 하는 것은 자산 배분, 매입 및 매각 타이밍, 그리고 주식 선택이라는 세 가지 중요 요소에 달려 있다. 대부분의 사람들은 주식 선택과 타이밍이 성공적인 투자의 열쇠라고 생각한다. 그러나 사실은 그렇지 않다. 여러 연구 결과를 살펴보면 자산 배분이야말로 투자 성공의 중요한 열쇠이며 투자 실적의 65%를 좌우한다고 한다. 주식 선택과 타이밍은 투자 성과의 35% 이하만 좌우한다는 것이다.

자산 배분

그렇다면 자산 배분이란 무엇이며 왜 그렇게 중요한가?

보유하고 있는 돈을 주식, 채권, 현금성 자산에 투자하고 있다고 가정해 보자. 각각의 비율은 주식에 60%, 채권에 30%, 현금성 자산에 10%로 합쳐서 100%가 되며, 이를 자산 배분이라고 부른다. 물론 자산 배분 분야를 반드시 세 개로 제한할 이유는 없다. 부동산, 헤지 펀드, 투기 자본 등도 포트폴리오에 포함시킬 수 있다.

그렇다면 포트폴리오에 주식, 채권, 현금성 자산을 어떠한 비율로 배분할지 어떻게 결정하는가? 이는 투자자의 목표와 얼마나 위험 부담을 감수할지에 따라 달라진다. 예를 들어 인생에서 이루고자 하는 세 가지 주요 목표가 있다고 해보자. 즉 자녀의 대학 교육, 주택 구입, 노후 준비를 위해 저축을 하려 한다.

부부가 함께 투자 설계사를 찾아가면 이러한 말을 듣게 될 것이다.

"아드님이 현재 고등학교 1학년이군요. 지금 바로 대학 학자금 저축을 시작하셔야 합니다. 4년간 학자금으로 약 20만 달러가 필요할 겁니다. 그다지 많은 시간이 남지 않았기 때문에 위험도를 최대한 낮춰야 하겠지요. 다른 말로 하면 비교적 안전한 곳에 투자를 하셔야 한다는 뜻입니다. 투자의 상당 부분에 손실을 입게 된다면 다시 만회할 시간이 많지 않으니까요. 그러므로 투자 설계사 입장에서 다음과 같은 투자를 권해드립니다. 일단 10만 달러를 마련하여

65%는 채권에, 35%는 주식에 분산 투자를 하십시오. 그리고 수입에서 매달 1,000달러씩 떼어 투자 자금에 추가하십시오. 그렇게 하면 4년간 아드님을 사립 대학에 보낼 만큼 충분한 자금을 마련할 수 있으리라 생각합니다."

또 하나의 목표는 내 집을 마련하는 것이다. 현재는 방 2개짜리 아파트에 임대로 살고 있는데, 가족이 세 명이므로 다소 공간이 좁다. 그래서 방 3개짜리 내 집을 마련하는 것이 꿈이라고 가정해보자. 투자 설계사는 주택을 소유하게 되면 세금 혜택을 받을 수 있다고 일러준다. 6년 안에는 내 집을 마련하고 싶은데, 부동산 중개업자의 말에 따르면 현재 30만 달러짜리 집이 6년 뒤에는 50만 달러로 오를 것이라고 한다. 부모님이 계약금 30%를 지원해주고 나머지는 스스로 저축해야 한다. 다행히도 그 동안 주택 마련을 위해 저축을 해왔기 때문에 은행에 10만 달러를 가지고 있다.

6년은 비교적 장기 투자라고 할 수 있다. 따라서 투자 위험도에 대한 기대치도 다소 높다. 즉 아들의 대학 학자금보다는 더 높은 투자 위험을 감수할 수 있는 것이다. 투자 설계사는 10만 달러의 종자돈을 일단 주식에 60%, 채권에 40%로 나누어서 투자하도록 조언한다. 또한 매달 수입에서 1,000달러씩 저축하여 주택을 마련할 돈이 모일 때까지 투자 자금에 추가할 계획을 세운다.

이제 투자 설계사와 약 15년 앞으로 내다보는 은퇴 자금 마련에 대한 이야기를 나누어 보자. 설계사는 은퇴 후 편하게 살아가려면 약 100만 달러의 돈이 필요할 것으로 추산한다. 15년은 매우 긴 시간이므로 앞서서 설명한 두 가지 목표보다 더욱 높은 위험을 감수할 수 있다. 따라서 설계사는 75%의 주식과 25%의 채권으로 구성된 포트폴리오를 추천한다. 또한 마찬가지로 매달마다 1,000달러씩을 따로 떼어 노후 자금 마련 펀드에 추가한다.

그러면 투자 설계사와 함께 투자 계획을 다시 검토해보자. 우선 본인의 목표를 분명하게 전달했다. 아들은 4년 내에 대학에 진학할 것이다. 또한 6년 안에는 내 집을 마련하고 싶다. 마지막으로 15년 후에 은퇴를 생각하고 있다. 이렇게 정리해보면 각 목표를 달성하는 데 얼마 정도의 자금이 필요한지 분명히 파악할 수 있다. 이미 각 목표를 위해 일정한 금액의 자금을 확보해 두었으므로 3개의 투자 계좌를 열고 매달 수입에서 일정 금액을 떼어 각 계좌에 추가하겠다는 계획을 세운다.

각 목표를 달성하기까지의 기간도 4년, 6년, 15년으로 각각 다르다. 투자 위험도에 대한 기대치도 각 목표에 따라 다르다. 이 경우 투자 기간에 기초하여 아들의 대학 등록금 마련은 가장 안전한 투자를 선호하고 은퇴 자금 마련은 가장 위험성이 높은 투자를 선호하게 된다.

투자 설계사는 다음과 같이 조언할 것이다.

"주식은 채권보다 위험성이 높습니다. 즉 주식 가격은 채권 가격보다 시간의 흐름에 따라 크게 오르내릴 확률이 큽니다. 큰 위험을 감수하지 않으려면 포트폴리오에 채권의 비율을 높이고 주식의 비율을 낮추는 것이 좋습니다. 노후 자금 마련과 같이 좀 더 큰 위험을 감수할 수 있는 경우, 포트폴리오에 주식의 비율을 높게 잡습니다. 이러한 기준에 따라 학자금 마련 기금의 주식 비율은 35%, 노후 준비 자금의 주식 비율은 75%로 잡는 것이 좋겠습니다."

더 많은 위험을 감수하고 가격의 변동폭이 큰 주식을 선택하면 어떤 이득을 얻을 수 있는가? 주식 가격은 채권 가격보다 빨리 올라간다. 리스크가 크고 가격 변동이 심하다는 위험을 감수하면 그만큼 높은 수익을 얻을 수 있는 것이다.

시장 타이밍

투자의 성패를 좌우하는 또 하나의 중요한 요인은 시장 타이밍이다. 사람들이 가장 많이 물어보는 질문 중 하나가 "지금이 주식을 사기에 좋은 시기일까?"라는 것이다.

물론 주식 매매와 시장 타이밍 잡기를 전문으로 하는 주식 전문가들이 있다. 대부분의 주식 전문가들은 방대한 시장 정보를 접할 수 있는 은행 등의 대규모 조직에 근무한다. 주식 전문가들이 단순히 주가표를 보고 무턱대고 주식을 사고 판다는 것은 아니다.

필자는 웰스 파고 은행에 31년간 근무하면서 은행 내외의 수많은 주식 거래 전문가들과 함께 일을 했다. 그러면서 주식 거래 전문가들이 시장 정보를 얻고 분석하는 데 투자하는 시간을 보고 깊은 인상을 받았다. 대부분의 주식 전문가들은 폭넓은 조사를 하며 다른 전문가, 경제학자들과도 많은 이야기를 나눈다. 뿐만 아니라 일부 주식 거래 전문가들은 필자가 만나본 사람들 중 가장 똑똑한 사람들이었다.

주식 거래 전문가는 매우 스트레스가 심한 직업이다. 대부분은 오래 몸담지 않고 때를 보아 다른 직종으로 옮긴다. 일개 개인이 별다른 노력 없이도 시장과의 머리 싸움에서 승리를 거둘 수 있다는 생각 자체가 얼토당토않은 것이다.

필자는 젊었을 때 주식 거래에 대한 뼈아픈 교훈을 얻었다. 1970년대에 미국 재부부 채권 선물이라는 새로운 위험 분산 상품이 인기를 얻었다. 이 상품은 1,000달러를 예치하여 10만 달러어치의 선물을 매입할 수 있었기 때문에 레버리지(차입 투자 비율-역주)가 매우 높았다.

잘만 하면 얼마나 큰 돈을 벌 수 있을지 생각해 보았다. 자신이 뛰어난 경제학자이고 풍부한 시장 정보를 접할 수 있기 때문에 주식 시장에서 쉽게 많은 돈을 벌 수 있을 것이라 생각했다.

거래일에 시장은 매 분마다 쉬지 않고 움직인다. 필자는 화면에서 한 순간도 눈을 떼지 못하고 돈이 얼마나 불어나는지 계속 지켜보았다. 그러나 결국 며칠 사이에 1만 달러를 잃었고 거래 자금이 부족하게 되었다. 1970년대의 1만 달러라면 당시 필자에겐 엄청난 금액이었다.

심한 좌절감을 느끼고 스스로에게 실망했다. 그 이후에는 결코 주식 매매나 시장 타이밍 예측을 시도하지 않았다. 아마도 그 경험으로 많은 돈을 절약할 수 있었던 것 같다. 지금 와서 돌아보면 1만 달러를 잃은 대신 일생 동안 지속되는 좋은 교훈을 얻은 셈이다.

몇몇 통계를 살펴보면 시장 타이밍을 잡는 것이 얼마나 어려운지 잘 알 수 있다. 1989년부터 2007년까지 미국 주식 시장의 역대 자료를 바탕으로 할 때 자본 이득과 배당금을 포함한 연간 총 수익률은 11.63%였다. 이 기간 동안 거래일은 모두 4,165일이었다.

주식을 대량으로 매매할 경우를 생각해보자. 그 과정에서 주식 시장의 총 거래일 4,165일 중 최고로 상승폭이 컸던 10일을 놓쳤다고 가정하면 전체 수익률은 11.60%에서 8.80%로 떨어진다. 최고로 상승폭이 컸던 30일을 제외하면 수익률은 4.90%로 더욱 큰 폭으로 떨어진다. 최고 상승폭 50일을 제외하면 수익은 1.70%밖에 되지 않는다. 아무리 뛰어난 전문가라 하더라도 확률을 크게 뛰어넘을 만큼 시장 타이밍을 잘 잡을 수는 없다.

주식 선택

또 하나의 과대평가된 기술은 주식 선택이다. 일부 투자자들은 좋은 주식을 선택하여 매입하는 요령이 있다고 자랑하기도 한다. 모든 투자나 중개 기관에서는 매입할 주식과 매각할 주식을 추천하는 일을 전문으로 하는 여러 명의 주식 분석가들을 두고 있다. 월가의 몇몇 증권회사에서는 매년 수십억 달러를 들여 주식 분석을 지원하고 있다. 경기가 좋을 때에는 월 가 주식 연구팀에 있는 필자의 지인들 중 상당수가 1년에 100만 달러 이상을 벌기도 했다.

그렇다면 전문적인 주식 분석가들이 과연 그만한 돈을 받을 자격이 있을까? 주식 분석 전문가들의 예측과 전망이 얼마나 정확한지 파악하기 위한 연구를 실시하였다. 그 결론은 깜짝 놀랄 만하다. 전문가들의 추천을 따른 투자자들은 좋은 결과를 내지 못했던 것이다. 증권 분석가가 그 해의 최대 우량주를 골라낼 수는 있다. 그러나 이는 오래 지속되지 않는다. 시간이 지남에 따라 적중하는 예측과 그렇지 않은 예측의 비율이 비슷해지게 된다. 계속해서 정확한 예측을 할 수 있는 사람은 없다.

그러나 여기에도 예외는 있다. 네브라스카 주 오마하 출신의 워렌 버핏(Warren Buffet)의 투자 기록은 그야말로 대단하다. 가장 최근의 경기 순환을 제외하면 워렌 버핏은 지난 50년간 거의 매년마다 두 자리 수의 수익을 내는 포트폴리오를 쌓아왔다. 투자자들 사이에서는 영웅이 되었고 많은 사람들이 그의 뒤를 따랐다. 버핏은 오마하에서 매년 회의를 연다. 처음에는 호텔에서 회의를 열었지만 이제는 2만 명 이상을 수용하는 축구 경기장에서 열린다.

워렌 버핏은 전설적인 투자가 벤 그래함(Ben Graham)의 제자이다. 벤 그래함은 1949년에 《명석한 투자자(*The Intelligent Investor*)》라는 책을 펴낸 바 있다. 이 책이 출판되기 전까지 월 가의 주식 매매는 대부분 막연한 추정에 따라 이루어졌다. 그래함은 실제 기업들의 사례를 들어가며 어떻게 수학적이고 조직적인 접근 방식으로 투자해 성공을 거둘 수 있는지 설명했다. 워렌 버핏은 이 책을 읽고 큰 감명을 받은 후 주식 관련 책과 자료들을 모두 읽었다고 한다.

버핏은 일생 동안 좋은 주식을 선별하는 안목을 갈고 닦았다. 그러나 사실 버핏의 안목이라는 것은 대단한 것이 아니다. 버핏은 기업이 보유하고 있는 모든 자산과 부채를 꼼꼼히 검토한 후 그 회사의 장기적인 가치를 평가한다. 그 다음 그 회사의 현재 시장 가치와 장기적인 가치를 비교한다. 둘 사이의 차이가 크면 그 회사의 주식을 매입한다.

이러한 방법으로 매입한 주식은 코카 콜라(Coca Cola), 아메리칸 익스프레스(American Express), 웰스 파고 은행(Wells Fargo Banks), 가이코(GEICO), 제너럴 일렉트릭(General Electric), 골드만 삭스(Goldman Sachs) 등으로 모두 잘 알려진 유명 기업들이다. 버핏은 이러한 기업들이 유명해지기 전부터 이미 가치를 꿰뚫어보고 있었다.

버핏은 일단 원하는 주식을 사고 나면 보통 몇십 년간 보유한다. 회사 경영진을 신뢰하고 가치가 크게 떨어지지 않는 한 매각할 이유가 없다는 것이다. 세금 또한 잦은 매매를 꺼리는 이유 중 하나다. 주식을 매각하고 그에 따른 세금을 내면 그 돈은 영원히 손에서 떠나게 된다. 그러나 주식을 계속 가지고 있으면 정부에게 갈 세금만큼을 계속 수중에 보유하는 셈이다. 물론 이러한 접근 방식은 장기적으로 보아 주가가 올라가는 경우에만 효과가 있다.

버핏은 일단 경영진에 대한 신뢰가 무너지면 주저하지 않고 주식을 매각한다. 또한 특정 기업의 시장 가치가 장기적인 가치를 훨씬 초과하는 경우에도 주식을 매각한다. 예를 들어 버핏은 비교적 단기간 내에 중국 석유 공사(China National Petroleum)의 주식을 매각하여 5억 달러가 넘는 수익을 올렸다. 또한 2002년에는 파생 상품을 '금융의 대량 살상 무기'라고 규정하며 금융 업계에 깊숙이 자리잡은 헤지 펀드에 투자하는 것을 피하라고 경고했다. 버핏의 예상은 적중했다.

2008년 12월, 주식 시장 붕괴가 진행되는 동안 버핏은 〈뉴욕타임즈〉에 기고한 글에서 지금이야말로 주식을 살 기회라고 주장했다. 증시는 2009년 3월에 바닥을 쳤고 장기적으로도 버핏의 예상이 적중할 가능성이 크다.

워렌 버핏이 크게 성공한 이유는 주식을 선택하는 안목을 타고났기 때문이 아니라 벤 그래함의 이론을 일부 차용한 후 그것을 더욱 가다듬어 자신만의 투자 원칙을 확립했기 때문이다. 확실한 투자 원칙 없이는 그 누구도 계속 우량 주식을 골라낼 수 없다. 버핏은 골프계의 타이거 우즈와 마찬가지로 특별한 재능을 가진 사람이다. 버핏처럼 뛰어난 감각과 판단력을 가진 사람은 전 세계에서도 손에 꼽을 정도다.

투자자들은 상승 시장뿐만 아니라 하락 시장에서도 적절한 자산 분배에 힘써야 한다. 투자 설계사가 목표와 위험 감수 정도에 맞는 자산 분배 비율을 60% 주식, 30% 채권, 10% 현금성 자산으로 추천했다고 가정해보자. 그렇다고 해서 항상 포트폴리오를 이 비율로 유지해야 한다는 의미는 아니다. 상황에 따라 자산 구성 비율은 얼마든지 달라질 수 있다.

예를 들어 주식 가격이 많이 떨어져 주식이 상당히 저렴해졌다고 가정하자. 동시에 안전한 정부 채권으로 자금이 몰리는 바람에 정부 채권 가격은 다소 상승한다. 상황이 이렇다면 일시적으로 포트폴리오에서 주식의 비중을 늘리고 채권의 비율을 낮출 수도 있다.

이러한 상황에 따라 자산 배분의 비율을 조절하는 것을 '전술적 자산 분배'라고 부르며, 이는 '전략적 자산 분배'와 대비되는 개념이다. 주식-채권-현금성 자산의 기본 비율을 60-30-10으로 정하고 있다면 주식 비율은 50~70% 내에서 조절할 수 있고, 채권 비율은 20~40% 사이에서 조정할 수 있으며 현금성 자산 비율은 0~20%

내로 정할 수 있다. 물론 자산 비율을 모두 합하면 100%가 되어야
한다.

또한 장기적인 경제 전망을 어떻게 예상하는지도 일반 및 전술적
자산 분배에 영향을 미칠 수 있다. 최근의 경기 위축이 다른 때보다
다소 길기는 하지만 그래도 몇 달 안에 끝나고 경기 회복이 뒤따르
리라 생각한다고 가정해보자. 이러한 경기 전망을 근거로 투자를
한다면 앞서 설명한 '전략적 자산 배분' 원칙에 따라야 한다. 물론
전술적 배분을 이용한 약간의 변화는 있을 수 있다.

반면 경제 전망에 대해 매우 비관적이고 이번 경기 위축이 10년
이상 지속되는 장기적인 경제 불황의 일부라고 믿는다면 투자 전략
은 매우 달라질 것이다. 대공황 시절 주식 가격이 거의 90%나 떨어
졌다는 점을 기억하자. 2007년 10월에 최고점을 기록한 후 주식
가격은 2009년 3월까지 약 50% 정도 떨어졌다. 만약 대공황 당시
와 같은 상황이라면 주식 가격이 다시 40% 가량 더 떨어질 수도 있
다. 이러한 환경에서는 전략적 주식 배분 비율을 60-30-10에서
10-30-60 정도로 변경해야 한다. 불황기에는 현금이 최고이기 때
문이다.

지금까지의 설명을 통해 자산 배분은 위험도 감수 성향에 기초한
포트폴리오 다각화의 한 형태임을 분명히 알 수 있을 것이다. 자산
배분은 최고의 수익률을 올리기 위한 방법이 아니다. 2008년 한 해

동안 최고의 투자라면 14%의 수익률을 올린 미국 재무부 채권을 들 수 있을 것이다. 한편 S&P500 펀드는 37%나 하락했다. 결과적으로 주식 60%, 채권 30%, 현금성 자산 10%로 구성된 포트폴리오는 약 20%의 가치를 잃었다. 이는 S&P500 손실의 약 반이다.

그러나 결과가 이렇다고 해서 재무부 채권이 최고의 투자처이며 앞으로도 주식에 투자하는 것은 옳지 않다는 뜻은 아니다. 장기적으로는 위험을 감수한 만큼 결과가 따르게 된다. 자산 배분으로 분명하게 알 수 있는 것은 장기적으로 볼 때 위험을 무릅쓰면 그만큼의 결과가 나온다는 사실이다.

인플레이션과 디플레이션에서
투자 보호하기

투자 프로그램의 주요 목표 중 하나는 보유 자산의 구매력을 유지하고 가능한 한 구매력을 상승시키는 것이다. 포트폴리오의 가치를 하락시키는 것은 시장의 불안정성, 낮은 수익률, 경기위축뿐만이 아니다. 인플레이션과 디플레이션도 보유 자산에 큰 타격을 줄 수 있다.

과거를 돌아보면 가벼운 인플레이션이나 디플레이션이 투자에 긍정적인 영향을 미친 경우도 있었다. 그러나 심각한 인플레이션이나 디플레이션은 포트폴리오에 매우 좋지 않다. 이번 장에서는 인플레이션과 디플레이션이 각각 투자에 미치는 영향을 살펴보기로 하자.

인플레이션에서 투자 보호하기

인플레이션은 자산의 구매력을 잠식하기 때문에 주식과 채권 가치를 떨어뜨린다. 연간 물가 상승률을 3%라고 가정해보자. 보유한 자산의 구매력은 23년이 지날 때마다 반으로 줄어든다. 1972년부터 1982년까지 10년 동안 미국 물가 상승률은 연평균 8.7%였다. 이러한 상황에서는 1972년에 100달러였던 물건이 1982년에는 231달러가 되는 셈이다.

더욱 우려되는 것은 투자에서 파생되는 배당금과 이자 수입의 구매력이 떨어진다는 점이다. 따라서 인플레이션은 주식이나 채권 가격 폭락보다 투자에 더욱 큰 타격을 미칠 수 있다. 주가나 채권이 폭락한 후에는 보통 반등을 하기 마련이고 손실액을 만회하고도 남을 만큼 상승하는 경우도 많다. 그러나 장기간의 인플레이션으로 인한 타격은 영구적이다.

인플레이션 비율이 높으면 중앙 은행이 인플레이션을 억제하기 위해 금리를 인상할 가능성이 높으며 경제 성장이 느려지게 된다. 이에 따라 인플레이션을 감안한 수익이 낮아지며 주식 가격도 떨어진다. 이렇게 되면 채권 가격도 떨어지게 된다.

물가가 오르면 투자자들은 인플레이션 요인을 상쇄하기 위해 더 높은 수익률을 요구하게 된다. 높은 수익률을 달성하는 한 가지 방법은 주식이나 채권과 같은 자산에 적은 돈을 지불하는 것이다.

실제로 높은 인플레이션이 발생한 1970년대와 1980년대에는 주식과 채권의 실적이 그다지 좋지 않았다. 그러나 인플레이션이 그다지 심하지 않았던 다른 시기에는 주식 시장의 전반적인 수익률이 좋았다.

정부 채권에 투자할 경우에는 투자 분석이 상대적으로 간단하다. 주요 고려 사항은 금리의 변동 방향이다. 금리와 채권 가격은 반대 방향으로 움직이기 때문이다. 회사채에 투자를 하는 경우 금리 위험도와 함께 신용 위험도도 고려해야 한다.

그러나 주식에 투자를 하는 경우, 주가수익률(Price-earnings Ratios)과 같은 다른 관련된 요소도 고려해야 한다. 주가수익률이란 투자자가 수익 1달러 당 지불하고자 하는 가격을 의미한다. 인플레이션이 낮을 때에는 투자자들이 기꺼이 수익에 대해 더 많은 돈을 지불한다. 예를 들어 한 기업의 주식이 주당 2달러의 수익을 내고 주가수익률이 14라면, 그 회사의 주식 가격은 2×14=28달러다. 그러나 인플레이션이 높을 경우에는 같은 수익률을 내더라도 주가수익률이 낮아진다. 주가수익률이 7로 떨어진다고 생각할 때 주식 가격은 2×7=14달러에 불과하게 된다.

주가수익률, 즉 투자자들이 수익 1달러 당 지불하고자 하는 가격이 낮아지는 이유 중 하나는 수익의 실질적인 가치가 떨어지기 때문이다. 인플레이션이 높고 물가가 빠르게 상승하면 수익의 대부분은 실질적인 투자 수익이 아닌 인플레이션 때문에 생기는 수익이다. 투자자들은 실질적인 수익 상승을 위해서는 얼마든지 가격을 더 지불하려 하지만 인플레이션 때문에 생기는 명목상의 수익 상승에는 돈을 지불하기를 꺼린다.

소비자 물가 지수와 주가수익률 사이에는 음의 상관관계가 있다. 인플레이션이 높고 물가가 빠르게 상승하면 주가수익률은 낮아진다. 반대로 인플레이션이 낮으면 주가수익률이 높아진다.

그렇다면 주식과 채권을 인플레이션의 부정적인 영향에서 어떻게 보호할 것인가? 그 해답은 인플레이션의 심각성과 투자 기간에 따라 달라진다.

장기적으로 볼 때 주식은 인플레이션을 상쇄할 수 있는 좋은 투자 수단이 아니다. 예를 들어 인플레이션이 높았던 1973~1981년에는 S&P500 주식의 연평균 수익률이 5%에 지나지 않았다. 이는 연간 물가 상승률인 9.2%보다도 훨씬 낮은 수치이다. 또한 이 기간 동안 S&P500 주식의 구매력은 급격하게 떨어졌다. 리만 브라더스 채권 지수(Lehman Brothers Bond Index)에 투자한 것도 겨우 연평균 5.1%의 수익률이라는 저조한 결과를 낳았다.

한편 부동산과 상품은 훨씬 좋은 실적을 올렸다. 같은 기간 동안 부동산 투자는 연간 12.9%의 수익률을 올렸고 상품은 12.8%, 원유는 28.9%, 목재는 21.8%의 수익을 올려 물가상승률을 크게 웃돌았다.

그러나 최근의 경험으로도 알 수 있듯이 부동산 투자는 위험 부담이 크고 상당한 전문지식이 요구된다. 금속, 원유, 금과 같은 상품 투자는 인플레이션 위험을 상쇄하는 데에는 좋지만 나름대로의 단점이 있다. 상품 거래에는 배당금이나 이자와 같은 꾸준한 수입이 없다. 또한 상품을 저장해야 하므로 보관 비용이 발생하는 경우가 많다. 그리고 무엇보다 값의 등락이 롤러코스터 만큼이나 심하다. 한마디로 말해 이러한 형태의 자산은 매우 위험도가 크며 전문가의 조언을 받아 전체 투자 포트폴리오의 일부로 도입하는 경우가 아닌 한 권장하지 않는다.

그러나 모든 인플레이션이 주식에 악영향을 미치는 것은 아니다. 인플레이션의 정도와 물가 상승이 예측 가능한지 여부에 따라서도 달라진다.

역사적으로 보면 '적당한' 인플레이션은 오히려 주식에 좋은 영향을 미친다. 예를 들어 물가 상승률은 1990년대에 안정적으로 낮은 수치를 기록했다. 기술 발전으로 인한 생산성 향상으로 경제 성장도 견실한 모습을 보였다. 주식 시장은 사상 최고의 호황기를 누렸다.

미국 소비자 물가 지수(10년 단위)					
1950년	1960년	1970년	1980년	1990년	2000년
2.2%	2.5%	7.4%	5.1%	2.9%	2.7%

물가 상승률이 1~2%일 때 가장 높은 주가수익률인 19를 기록한다. 물가 상승률이 높아질수록 주가수익률은 감소한다. 물가 상승률이 6% 이상이 되면 주가수익률은 급격히 떨어지게 된다.

디플레이션에서 투자 보호하기

최근 금융위기에서는 디플레이션이 인플레이션보다 더 큰 문제로 부각되었다. 부동산과 상품의 가격도 급격히 떨어졌다. 디플레이션이 불가피해진 정도는 아니지만 가능성은 상당히 높아졌다. 가장 우려되는 것은 점점 사회에 깊이 침투하는 '디플레이션 심리'다. 소비자들은 나중에 가격이 더 떨어질 것이라고 생각하기 때문에 구매를 미룬다. 오늘날에는 부분적으로 이러한 디플레이션 심리 때문에 소비자들이 주택이나 자동차 구매를 꺼리고 있다.

디플레이션이 발생하면 투자의 가치가 떨어지고 투자 수입이 줄어들기 때문에 포트폴리오에 큰 타격을 줄 수 있다. 물론 모든 디플레이션이 꼭 나쁜 것은 아니다. 기술적 혁신과 생산성 향상은 발전적인 디플레이션으로 이어지기도 한다. 제1차 세계대전이 끝난 후 건설 기술이 빠르게 발달함에 따라 주택 가격이 하락했다. 또한 1990년대에는 기술 혁신에 힘입어 칩과 컴퓨터의 가격이 떨어졌다. 전 세계적인 경쟁, 특히 중국이 제조업계에 뛰어들면서 상품 가격은 낮게 유지되었다.

그러나 일본과 같은 일부 국가에서는 이러한 디플레이션 경향이 앞선 예들처럼 긍정적인 것이 아니다. 세계적으로 경제가 급격히 위축되면서 경제의 동력은 힘을 잃었고 디플레이션의 우려가 커지고 있다. 일단 디플레이션 심리가 깊숙이 자리를 잡으면 좀처럼 바로잡기 어렵다.

디플레이션 시기에는 부채를 안고 있는 소비자와 기업들이 가장 큰 피해를 입는다. 부채의 실질적인 부담은 커지는 데 반해 매출과 현금 흐름은 나빠진다. 레버리지가 증가하면서 대출을 유지하는 데 소요되는 실질적인 비용은 높아진다.

인플레이션과 마찬가지로 적당한 디플레이션은 주식에 긍정적인 영향을 미칠 수 있다. 일반적으로 약한 디플레이션 상태에서는 주가수익률이 상당히 좋아진다. 그러나 심각하고 장기적인 디플레이션의 경우는 전혀 다르다. 1929년부터 1933년에 이르는 대공황 기간 동안 물가는 25% 떨어졌다. 일본의 '잃어버린 10년' 과 같은 경우에도 매우 심각한 디플레이션이 1995년부터 2005년까지 지속되었다. 이 기간 동안에는 거의 모든 투자 분야가 타격을 입었다. 유일한 예외는 정부 채권이었다.

역사적으로 볼 때 채권은 디플레이션의 위험에서 상당히 안전한 투자 수단이다. 주가 수익률이 형편없었던 디플레이션 시기에 일본과 미국 정부 채권은 모두 가격이 올랐다. 회사채와 주택 담보 대출 증권 또한 경제가 어려움에 빠지고 채권의 담보로 잡은 자산의 가치가 떨어짐에 따라 좋지 않은 수익률을 나타냈다.

다각화된 포트폴리오를 가지고 있다고 하더라도 심각한 디플레이션 시기에는 주식과 부동산 등의 가치가 급격하게 떨어진다. 따라서 전체 포트폴리오를 보호하기 위해 채권을 포함시켜야 한다. 채권을 보유하고 있어야 어쩔 수 없이 자산을 하락한 가격에 판매하는 사태를 방지할 수 있다.

인플레이션과 디플레이션을 모두 고려하기

다음 표(288페이지)는 인플레이션(1968~1981)과 디플레이션(1928~1933) 기간 동안 주식과 채권이 다양한 비율로 섞인 포트폴리오가 어떤 실적을 냈는지 요약해서 보여주고 있다. 디플레이션이 발생하면 미리 정해진 자산 분배 원칙 내에서 최대한 많은 채권을 보유해야 한다.

예를 들어 디플레이션 기간 동안에는 연간 평균 수익률이 9.7%(채권 100%)에서 0.7%(주식 100%)까지 다양하게 나타난다. 그러나 인플레이션 기간에는 주식이 채권보다 더 좋은 수익을 낸다.

미국 주식 및 채권 비율	1900~2008 (109년)	1900~1979 (80년)	1900~1969 (70년)	디플레이션 기간 1928~1933 (6년)	인플레이션 기간 1968~1981 (14년)	1984~2008 (25년)	1989~2008 (20년)	1994~2008 (15년)	2004~2008 (5년)
0/100 (모두채권)	2.5	1.1	1.5	9.7	-3.8	6.7	5.7	4.7	3.1
10/90	3.0	1.8	2.2	9.3	-3.5	6.9	5.8	4.8	2.5
20/80	3.5	2.4	2.9	8.8	-3.2	7.0	6.0	4.9	1.9
30/70	3.9	2.9	3.5	8.2	-2.9	7.1	6.0	5.0	1.3
40/60	4.4	3.5	4.1	7.5	-2.6	7.1	6.1	5.0	0.6
50/50	4.7	3.9	4.7	6.6	-2.4	7.1	6.1	5.0	-0.1
55/45	4.9	4.2	4.9	6.2	-2.3	7.1	6.1	4.9	-0.5
60/40	5.1	4.4	5.2	5.7	-2.2	7.1	6.1	4.9	-0.9
65/35	5.2	4.6	5.4	5.2	-2.1	7.1	6.0	4.8	-1.3
70/30	5.4	4.8	5.7	4.6	-2.0	7.0	6.0	4.7	-1.8
80/20	5.7	5.2	6.1	3.4	-1.8	6.9	5.9	1.5	-2.7
90/10	5.9	5.5	6.5	2.1	-1.6	6.8	5.7	4.2	-3.7
100/0 (모두주식)	6.1	5.8	6.9	0.7	-1.5	6.6	5.5	3.9	-4.7
CPI	3.0	2.8	2.2	-4.4	7.6	3.0	2.9	2.5	

출처: 씨티 그룹 글로벌 마켓, 공동 주식 지수(Common-Stock Indexes), 코울스 위원회(Cowles Commission),
　　　연방 준비 위원회, 글로벌 파이낸셜 주식회사, 스탠다드 & 푸어스, 미국 노동부 노동 통계국
참조: 모든 계산은 수입과 배당금을 재투자한다는 가정 하에 연간 자료를 기초로 함.
출처: 케임브리지 어소시에이츠 유한회사(Cambridge Associates LLC)

연간 평균 수익률은 -1.5%(100% 증권)에서 -3.8%(100% 채권) 사이에서 오르락 내리락 한다.

보다 장기적으로(1900~2008) 살펴보면 포트폴리오에서 주식 비

율을 높이는 것이 채권 비율을 높이는 것보다 더 높은 수익을 올린다는 것이 분명하게 드러난다. 그러나 반대로 비교적 단기간(2004~2008)이라면 주식 비율을 늘려서 얻을 수 있는 이점이 줄어든다. 또한 다양한 주식과 채권의 조합 비율을 사용하여 얻을 수 있는 수익률 예측성도 빛을 바래게 된다.

포트폴리오의 균형을 재조정하기

포트폴리오에서 더욱 많은 수익을 올리기 위한 방법 중 하나는 균형을 재조정하는 것이다. 예를 들어 본인의 자산 배분 원칙에 따라 주식 60%, 채권 30%, 현금성 자산10%로 구성된 포트폴리오를 보유하고 있다고 가정해보자.

앞에서 설명한 바와 같이 자산 배분은 포트폴리오에서 위험성과 변동성을 얼마나 감수하고자 하느냐에 따라 달라진다. 은퇴가 가까워진 사람은 지나치게 위험성이 큰 투자를 할 수 없을 것이고 반대로 막 사회 생활을 시작하는 사람은 다소 위험도가 크더라도 감내

할 수 있을 것이다. 이러한 논리에 따르면 젊은 사람들은 나이든 사람들보다 포트폴리오에서 주식의 비율을 높이고 채권의 비율을 감소시켜야 한다는 결론에 도달한다.

그러나 주식과 채권의 가격은 시간에 따라 끊임없이 변동하기 때문에 자산 배분 비율이 언제나 한결같이 유지되는 것은 아니다.

2008년 초에 60-30-10 비율로 구성된 포트폴리오를 구축했다고 가정해보자. 안타깝게도 2008년에 주식 시장이 하락하여 주식의 가치는 37%나 떨어진 반면 미국 정부 채권의 가치는 24% 상승했다. 이렇게 되면 2008년 말에 자산 분배의 비율은 더 이상 '60-30-10'가 아니다. 가격 변동으로 인해 포트폴리오의 자산 분배 비율이 '45-45-10'으로 변경된 것이다.

그러나 이 비율은 투자자의 원래 계획과 맞지 않는다. 포트폴리오에 채권 비율이 너무 높아졌고 주식 비율은 너무 낮아진 것이다. 그렇다면 해결책은 채권을 일부 매각하고 그 수입으로 주식을 매입하여 포트폴리오의 균형을 재조정하는 것이다. 이렇게 하면 자산 배분 비율은 다시 '60-30-10'이 된다.

1990년대 IT붐이 일어나던 시기에 이와 비슷한 일이 발생했다. IT 관련주의 가격은 몇 년 사이에 하늘 높은 줄 모르고 치솟았다. 동시에 금리가 상승하고 채권의 가격은 떨어졌다. 2000년대 초에 IT붐이 정점을 이루었을 때, 기술 관련주를 보유하고 있는 투자자들은 포트폴리오 상의 자산 배분이 원래 기준에서 지나치게 벗어나 있다는 사실을 발견했다. 이를 시정하기 위해 취한 조치가 기술 관련 주식을 매각하고 그 수입으로 채권을 매입한 것이었다.

반면 이때 IT주를 매각하지 않은 사람들은 기술주의 가치가 급속하게 하락하는 것을 지켜봐야만 했다. 약 1년 사이에 IT주의 가치는 90% 이상 떨어졌다.

포트폴리오의 균형을 재조정하는 것에는 여러 가지 이점이 있다. 일단 그다지 어렵지 않으며 투자 분야에 특별한 전문 지식이 없어도 실천할 수 있다. 일반적으로 균형 재조정은 매년 초에 실시한다. 값비싼 주식이나 채권은 매각하고, 매각 수입으로는 저렴한 주식이나 채권을 구입한다. 이러한 방식을 이용하면 주식이 쌀 때 매입하여 비쌀 때 팔 수 있다.

심각한 하락 시장이 형성되면 아무리 주식이 사상 최저의 가격으로 떨어졌다 하더라도 선뜻 매입하기가 쉽지 않다. 동시에 매우 좋은 수익률을 올리고 있는 정부 채권을 매각하는 것도 쉽지 않은 일이다.

그러나 균형 재조정은 마치 약을 복용하는 것과 같다. 입에는 쓸지 모르지만 포트폴리오에는 좋은 결과를 가져올 가능성이 크다. 재무부 채권을 판매하여 균형을 재조정하면 장부 상의 수익 중 일부를 현금으로 전환할 수 있다. 전 세계적으로 안전한 투자처에 자금이 몰리고 있기 때문에 재무부 채권의 수익률은 크게 떨어져 채권 자체의 가격이 상승하고 있다. 하지만 수익률이 거의 0에 가까워지고 있기 때문에 재무부 채권의 가격이 지금보다 크게 올라갈 가능성은 거의 없다. 사실 그보다는 가격이 떨어질 가능성이 훨씬 크다.

포트폴리오는 자동차와 마찬가지로 정기적으로 점검과 관리를 해주어야 한다. 균형 재조정은 본인의 위험 감수 성향에 따라 포트폴리오 구성을 적당한 비율로 유지하는 방법이다. 일단 매입한 후 무조건 계속 가지고 있는 전략(Buy-and-Hold Strategy)은 매우 리스크가 크다. 때로는 이를 '지나치게 순진한 전략'이라고 부르기도 한다.

왜 배당금이 중요한가

필자와 함께 일하던 한 포트폴리오 관리자는 "현금보다 더 좋은 게 있나요?"라는 말을 자주 했다. 그는 경제가 불안정할 때에는 자본 이득보다 현금을 선호하는 사람이었다. 대공황 이후 거의 50년간 투자자들은 주식 대붕괴의 끔찍한 기억 때문에 배당금을 받을 수 있는 주식에 몰려들었다.

그러나 시간이 지남에 따라 아픈 기억은 점점 희미해지고 1982~2000년 사이에는 엄청난 상승 시장이 형성되었다. 이는 미국 역사 상 최고의 활황 중 하나였다. 투자자들은 다시 자본 이득을 선호하기 시작했고 배당금은 많은 관심을 받지 못했다. 상승 시장을 형성하는 데 중요한 역할을 했던 IT 기업들은 배당금에 거의 신경을 쓰지 않았다. 투자자들은 주식 가격이 빠르게 상승하는 것에 만족했다.

이 기간 동안 월 가의 대규모 자금은 배당금보다 자본 이득에 관심을 둔 기관 투자자들로부터 나왔다. 기업 임원들은 스톡 옵션을 받아 큰 부자가 되었다.

그러나 이러한 역사적인 상승 시장이 끝나자 기술주의 붕괴가 뒤를 따랐다. 나스닥(NASDAQ) 지수는 정점에서 바닥까지 78%나 떨어졌다. 신용 경색 현상이 발생하여 기업들이 어려움을 겪었다. 설상가상으로 엔론, 월드콤 사건 같은 굵직한 악재들이 터졌다. 사실 주식 시장은 닷컴 붕괴 이후의 충격에서 아직도 완전히 회복되지 못한 상태다.

이제 주식 시장은 다시 한 주기를 거친 셈이다. 최근의 주식 붕괴 사태 이후 투자자들은 다시 배당금을 지급하는 주식에 관심을 보이고 있다. 지금과 같이 불확실한 경제 환경에서는 잠재적인 자본 이득보다 은행에 예치된 현금을 더 선호하는 법이다.

배당금이 다시 관심을 모으고 있는 데에는 몇 가지 이유가 있다. 한 기업의 주식에 투자를 하면 배당금과 이익 잉여금(Retained Earnings)의 두 가지 형태로 수입을 올리게 된다. 기업들은 이익 잉여금을 다시 생산적으로 재투자함으로써 미래의 이익을 더욱 높인다. 그러나 이익 잉여금은 배당금보다 위험성이 크다. 일단 현금으로 배당금을 받으면 그것은 완전히 투자자의 소유가 된다. 그러나 이익 잉여금을 재투자하는 경우 반드시 수익을 얻을 수 있다는 보장이 없다.

배당금은 또한 인구 통계학적인 이유로도 인기를 얻고 있다. 제2차 세계대전이 끝난 후 많은 아기들이 태어났는데, 이들을 베이비 붐 세대라고 부른다. 이제 이 엄청난 수의 베이비 붐 세대가 은퇴할 나이에 접어들고 있다. 이들은 노후 생활을 위해 일정한 수입원이 필요하다. 또한 대부분의 베이비 붐 세대는 은퇴 후에도 25~35년간 생존할 것으로 예상된다. 이런 상황에서는 배당금을 지급하는 주식이 포트폴리오에서 매우 중요한 위치를 차지하게 된다.

학계의 연구에 따르면 배당금을 지급하는 기업들이 수익과 현금 흐름을 더욱 철저하게 관리하고 주가도 등락폭이 그다지 심하지 않은 경향이 있다고 한다. 장기적인 관점에서 보면 실제 수익률의 대부분(인플레이션의 영향 적용 후)을 차지하는 것은 자본 이득이 아닌 배당금이다.

배당금은 주가 하락에 대한 방패막이 되어주기 때문에 더욱 소중하다고 할 수 있다. 꾸준히 배당금을 받음으로써 투자자는 하락 시장에서 주식을 팔지 않고서도 생활 수준을 유지할 수 있는 것이다.

1900년 이후 배당금을 재투자한 주식은 5%의 실질 수익률을 기록했다. 그러나 배당금을 제외한 순수 주가 상승률만을 본다면 1.7%에 불과하며, 이는 채권 수익률과 그다지 차이가 없는 수치이다.

2008년 11월에 대공황 이후 처음으로 배당금 수익률이 10년 만기 재무부 채권의 수익률을 뛰어넘었다. 최근에 뱅크 오브 아메리카부터 제너럴 일렉트릭에 이르기까지 수많은 기업들이 현금을 확보하기 위해 배당금을 줄인 것은 사실이지만, 경제가 성장하기 시작하면 배당금은 다시 늘어날 것이다.

배당금은 시간이 흐름에 따라 커질 가능성이 높지만 채권 금리는 그렇지 않다. 일부 분석가들은 단순히 배당금만 생각해보아도 지금이 주식을 매입할 적기라고 주장하기도 한다. 만약 현재의 상황이 12년 또는 그 이상 지속되는 장기적인 하락 시장으로 판명된다면 배당금의 중요성은 더욱 높아진다. 다시 한 번 투자자들은 대부분의 수익을 자본 이득이 아닌 배당금의 형태로 얻게 될 것이다. 반면 현재의 상승 시장이 여러 해에 걸친 장기적인 활황으로 이어진다면 배당금보다는 자본 이득이 훨씬 중요해질 것이다.

헤지 펀드의 시대는 끝났는가?

최근 약 20년간 가장 인기 있는 투자 상품은 헤지 펀드였다. 여러 해 동안 헤지 펀드는 매년 두 자리 수의 수익률을 올렸다. 헤지 펀드 관리자들은 '2-20 공식'을 사용하여 큰 수익을 얻었다. '2-20 공식'이란 다음과 같다. 개인 투자자 그룹이 1억 달러를 헤지 펀드에 투자하면 펀드 관리자가 그 자리에서 2%인 200만 달러를 받는다. 펀드의 가치가 1년 만에 1억 2,000만 달러로 상승하면 관리자는 상승폭의 20%를 추가로 받는다. 이 경우는 2,000만 달러 수익의 20%이므로 400만 달러가 된다. 월 가에서는 헤지 펀드를 만드는 것이 부자가 되는 가장 빠른 지름길이라고 할 정도였다.

버니 매도프(Bernie Madoff)도 이러한 헤지 펀드 관리자 중 하나였다. 매도프는 실적이 매우 뛰어나다고 평가를 받았기 때문에 부유한 기업가들부터 할리우드 스타들에 이르기까지 수많은 고객에게서 수십억 달러의 자금을 끌어들였다.

그러나 2008년에 헤지 펀드 업계는 1950년 헤지 펀드가 생겨난 이후 최악의 실적을 기록했다. 투자자들은 시장이 폭락함에 따라 원금에 상당한 손실을 입었고 이 와중에 매도프 스캔들까지 터지자 헤지 펀드에서 자금이 썰물처럼 빠져나가기 시작했다.

자금이 빠져나가는 속도가 빨라지고 규모가 커지자 펀드들은 자산을 매각하여 인출 자금을 메워야 했고 그에 따라 주식 시장은 더욱 폭락했다.

1949년에 최초의 헤지 펀드를 만든 것은 금융 기자였던 알프레드 존스(Alfred Jones)였다. 경제 기자였던 존스는 시장의 등락에 따른 손실을 방지하는 포트폴리오를 만들 수 있을 것이라 생각했다. 존스는 시장 평균보다 수익률이 높을 것으로 예상되는 자산으로 포트폴리오를 구성하였고 시장 평균보다 수익률이 낮을 것으로 예상되는 자산을 공매(Short Selling)했다. 이처럼 초기의 헤지 펀드는 시장의 위험을 피하는 목적을 가지고 있었다.

그러나 최근 몇 년 간 엄청난 자금이 헤지 펀드로 흘러 들어갔고 펀드 관리자들은 시장의 위험을 상쇄하거나 피한다는 초기의 헤지 펀드 개념에서 한 단계 더 나아갔다. 주식, 채권, 상품, 통화, 옵션, 선물, 차액 거래, 부실 증권 등 산업과 국가의 경계를 넘어서 다양한 분야에 투자를 했다. 그 중 대부분의 거래는 사람이 아닌 수학 소프트웨어가 처리했다.

헤지 펀드는 수익률을 높이기 위해 주기적으로 금융 기관에서 자금을 빌린 후 차입 자본을 이용하여 투자를 한다. 시장이 전체적으로 상승 기류를 타는 한, 이러한 차입 자본 거래는 수익을 낼 수 있다. 그러나 시장이 하락세로 접어들고 유동성 자금이 말라붙으면 차입 거래는 역효과를 내고 손실은 눈덩이처럼 불어난다.

2008년에 헤지 펀드 투자가 좋은 결과를 내지 못한 데는 다른 중요한 이유들도 있다. 헤지 펀드와 관련된 많은 거래가 베어스턴스나 리만 브라더스와 같은 기관을 상대로 하고 있었던 것이다. 거래를 처리하던 베어스턴스나 리만 브라더스와 같은 중개 기관의 파산은 헤지 펀드에게 악몽과도 같았다. 상당 기간 동안 모든 것이 중단되었고 거래도 정지되었다. 헤지 펀드가 얼마나 많은 수익 또는 손실을 거둘 것인지 좀처럼 파악할 수가 없었다.

공매는 헤지 펀드에서 중요한 도구이다. 2008년의 시장 혼란 속에 증권 거래 위원회는 공매를 제한하는 긴급 명령을 발표했다. 헤지 펀드가 더 이상 공매 전략을 쓸 수 없게 된 것이다.

그러나 헤지 펀드 업계가 참담한 실적을 기록했다고 해서 헤지 펀드가 나쁜 투자 방법이라는 뜻은 아니다. 오히려 현재와 같은 헤지 펀드 업계의 개혁은 장기적으로 보아 더 좋은 결과로 나타날 수 있다. 실적이 부진한 상당수의 헤지 펀드가 폐쇄되었으며, 살아남은 펀드는 더 많은 투자 기회를 잡을 수 있을 것이다.

예를 들어 세계 금융 시장은 엄청난 규모의 시장 혼란과 디레버리징 과정을 겪고 있다. 이 과정에서 다량의 좋은 매물과 저렴한 상품이 시장에 나오게 된다. 살아남은 헤지 펀드들이 이러한 자산에 투자를 하면 장기적으로 좋은 수익률을 올릴 수 있을 것이다.

또 하나의 문제는 정부 규제이다. 헤지 펀드는 부유하고 고급 금융 상품을 선호하는 투자자들을 겨냥하고 있기 때문에 많은 규제에서 예외로 취급되는 경우가 많다. 반면 뮤추얼 펀드는 일반 투자자들을 대상으로 하고 있으므로 일반 투자자 보호라는 측면에서 보고 의무가 많으며 철저한 규제를 받고 있다.

미국, 영국을 필두로 앞으로는 금융 시장에서 정부의 역할이 더욱 늘어날 것이다. 정부가 헤지 펀드에 엄격한 규제를 적용하게 되면 헤지 펀드가 예전처럼 높은 위험을 감수하기 어려워진다. 이렇게 되면 헤지 펀드의 수익률은 낮아질 수밖에 없다.

낮은 수익률을 만회하려면 수수료를 낮춰야 한다. 많은 투자자들은 '2-20 공식' 처럼 지나치게 높은 수수료에 대해 불만을 토로해

왔다. 앞으로 헤지 펀드의 수수료는 대부분의 뮤추얼 펀드 서비스에 부과되는 수수료와 비슷한 수준으로 내려갈 것이다.

한편 투자자들은 ROE(Return On Equity, 자기 자본 이익률-역주)보다는 ROA(Return On Assets, 총자산 이익률-역주)에 보다 관심을 가지게 될 것이다. ROA에 차입 비율을 곱한 수치인 ROE에는 차입 자본의 영향이 반영되어 있다. 위험을 감수하는 것을 꺼리는 투자자들은 차입 자본 비율이 높은 펀드를 피하게 될 것이고 이에 따라 차입 자본 비율이 높은 펀드에는 점점 투자금이 모이지 않게 된다.

헤지 펀드는 일반적인 투자자를 위한 상품이 아니다. 투자 설계사들과의 신중한 상담 후에 투자를 결정하는 것이 좋다.

세계 금융 위기와 출구전략

초판 1쇄 2009년 11월 1일
2쇄 2009년 11월20일

지은이 손성원
펴낸이 김석규 **담당PD** 권병규 **펴낸곳** 매경출판㈜
등 록 2003년 4월 24일(No. 2-3759)
주 소 우)100-728 서울 중구 필동1가 30번지 매경미디어센터 9층
전 화 02)2000-2610(출판팀) 02)2000-2636(영업팀)
팩 스 02)2000-2609 **이메일** publish@mk.co.kr
인쇄·제본 ㈜M-print 031)8071-0961

ISBN 978-89-7442-615-6
값 14,000원